Bayerischer Landwirtschaftsverlag

Anke Clark

Natur-Präriegärten

Der Garten für die Zukunft:

pflegeleicht, trockenheits-resistent und vielfältig

BLV

INHALT

NEUE GÄRTEN UND PFLANZEN

Es ist erschreckend zu sehen, was das Wetter anrichtet. Dieses Klima hat starke Auswirkungen auf die gesamte Natur und auch auf die Bepflanzungen in unseren Gärten. Wie können wir den Garten dem Klimawandel anpassen, damit die Gewächse sich wohlfühlen und gedeihen und wir die Lust am Gärtnern nicht verlieren?

Neue Gärten braucht das Land

Durch den Klimawandel steigen die Temperaturen im Sommer teilweise auf über 40 Grad. Frostfreie Winter, lange Dürreperioden im Sommer, zunehmende Wetterextreme – bei vielen Pflanzen sind immer wieder Hitze- und Trockenschäden zu erkennen. Unsere Gärten verändern sich.

Hitzestress und Trockenheit für Pflanzen ist die Folge von hohen Temperaturen über einen längeren Zeitraum und einem Mangel an Niederschlag. Der Klimawandel hinterlässt deutlich seine Spuren an unseren Pflanzen. Wir selbst können uns mit kühlen Getränken versorgen und mit ausreichend Sonnenschutz den schädlichen Strahlen vorbeugen. Das können die Gartenpflanzen nicht. Sie sind der Hitze schutzlos ausgeliefert. Da nicht jede Pflanze eine gleich gute Thermotoleranz – wie man die anhaltende Hitze beschreibt – hat, muss die richtige Pflege durch die Gartenbesitzer erfolgen. Je nach Höhe und Dauer der einwirkenden hohen Temperaturen reagieren Pflanzen unterschiedlich. Einige verkleinern ihre Verdunstungsfläche indem sie die Blätter einrollen. Das ist sehr gut zu erkennen bei Rhododendron und Hortensien. Sie haben in den Gärten der näheren Zukunft aber leider keine große Überlebensperspektive, da sie häufig nicht standortgerecht gepflanzt und gepflegt werden. Andere werfen die Blätter ab oder stellen das Wachstum ein. Forscher konnten in umfangreichen Studien nachweisen, dass einige Pflanzen Hitzereaktionsgene besitzen. In diesen Untersuchungen zeigte sich auch, dass Hitzestress stärkere Schäden an den Pflanzen hinterlässt als Trockenstress, wobei Stressfaktoren wie Dürre und UV-Strahlung in der Natur allerdings häufig gleichzeitig auftreten.

Hitzestress

Im Garten leiden die unterschiedlichen Kulturpflanzen ab ca. 30 Grad unter dem Phänomen Hitzestress. In den vergangenen 100 Jahren stieg die globale Durchschnittstemperatur bereits um knapp 1 Grad an. Für die nächsten 100 Jahre prognostiziert das Intergovernmental Panel on Climate Change (IPCC) eine weitere Erwärmung um 1–2 Grad. Dabei reagieren die Gewächse mit komplexen Hitzereaktionen, wie beispielsweise Sonnenbrand, Kümmerwuchs, verminderte Samenbildung, Blütenabfall, aufplatzende Früchte wie z.B. bei Tomaten und Äpfeln. Nur ein Tag mit hohen Temperaturen ist kein Problem. Auch kurze Phasen, die abwechselnd mit Regen oder Abkühlung einhergehen, überstehen die Pflanzen meist unbeschadet. Steht die Sonne aber länger und gleichmäßig hoch am Himmel, muss man unbedingt aktiv werden.

LINKS Präriebepflanzungen trotzen mit *Echinops*, *Rudbeckia*, verschiedenen trockenheitstoleranten Gräsern den Unwirtlichkeiten des Klimawandels.

Echinacea pallida ist eine typische Staude für den Präriegarten. In Kombination mit *Allium sphaerocephalon* kommt ihre besondere Schönheit gut zur Geltung.

Umdenken

Wir Menschen müssen bei großer Hitze viel trinken! Das lässt sich 1:1 auf die Pflanzenwelt übertragen. Gießen war bisher das wirksamste Mittel zur Vorbeugung und Behandlung von Hitzestress. Allerdings ist das keine Lösung auf Dauer. In vielen Gegenden darf für die Gartenbewässerung kein Wasser mehr verbraucht werden. Und das wird sich möglicherweise flächendeckend durchsetzen. Wir benötigen deshalb andere Pflanzen, die den Hitzestress gewohnt sind und sich dadurch völlig anders entwickelt haben.

Den Garten dem Klimawandel anpassen

Angesichts dieser Veränderungen ist es sinnvoll, den Garten etwas umzugestalten, um ihn für bevorstehende Trockenperioden zu wappnen. Hier sind Pflanzen aus der nordamerikanischen Prärie oder anderen Regionen mit extremen Wetterbedingungen wie Hitze, Trockenheit, Unwettern wirklich sehr gut einzusetzen. Sie zeichnen sich z.B. durch tief in den Boden reichende Wurzeln aus, wobei nur ein Drittel der Pflanzen aus dem Boden schaut.

Wer üppige und blütenreiche Bepflanzungen möchte, kann seinen Garten zum Natur-Präriegarten umgestalten oder an einigen Stellen Kiesbeete anlegen. Im Staudengarten ist es jetzt wichtig, trockenheitsresistente Arten anzupflanzen, die mit dem Klimawandel gut zurechtkommen.

Starkregen und Sturm

Starkregen und Sturm werden künftig weit mehr Spuren im Garten hinterlassen, als das momentan der Fall ist. Vor allem bei Gehölzen bedarf es einer regelmäßigen Kontrolle auf eventuelle Schwachstellen, um zu verhindern, dass bei Sturm Äste abbrechen und schwere Schäden anrichten. Starkregen wiederum kann dazu führen, dass der Boden verdichtet wird. Zu viele versiegelte Flächen im Garten, z.B. durch Pflasterungen, können durch Wege aus Brechsand ersetzt werden. Dadurch kann Wasser gut versickern und wieder ins Grundwasser gelangen. Auf jeden Fall sollte das Regenwasser gesammelt werden und kann dann beispielsweise in unterirdischen Zisternen bis zur weiteren Verwendung lagern.

Milde Winter

Was geschieht bei zu milden Wintern? Zum einen können auch weniger kältetolerante Pflanzen im Garten ihren Platz finden, zum anderen werden wir uns mit neuen Schädlingen - sie sind ein sehr wichtiger Bestandteil unseres Ökosystems - arrangieren müssen. Damit sie im eigenen Garten nicht überhand nehmen, sollten wir die biologische Vielfalt fördern. Das gelingt am besten mit einer möglichst naturnahen Gartengestaltung. Eine große Artenvielfalt macht Gärten robuster gegenüber Schädlingen.

Die weißen Blütenköpfe von *Echinacea purpurea* 'Alba' scheinen zwischen den federartigen Trieben von *Nasella tenuissima* zu schweben. *Verbena bonariensis* unterstreicht die Pflanzung.

Trockene Sommer

Vor allem die Dürresommer der letzten Jahre haben heimischen Baumarten und Gehölzen stark zu schaffen gemacht. Wenn die Bäume bereits unter Stress stehen, haben auch Schädlinge leichteres Spiel. Mit steigenden Temperaturen könnten sich diese Probleme künftig noch verschärfen. Deshalb kann es sinnvoll sein, Gehölze zu pflanzen, die mit Extremwetter besser zurechtkommen. Langjährige Versuche der Landwirtschaftskammer Schleswig-Holstein haben gezeigt, dass einige Baumarten besonders widerstandsfähig gegenüber den Klimaveränderungen sind. Dazu zählen beispielsweise der Französische Ahorn (*Acer monspessulanum*) sowie der Feld-Ahorn (*Acer campestre* 'Elsrijk'). Allerdings werden beide Bäume recht groß und eignen sich daher nicht für kleine Gärten. Weniger Platz benötigt die kugelförmige bis locker verzweigte Blumen-Esche (*Fraxinus ornus*). Mit ihren hübschen Blüten ist sie vor allem im Frühjahr ein toller Blickfang.

Wir sollten uns also nicht scheuen, bei der Neuanlage oder Umgestaltung vom Garten genau auf diese Punkte zu achten: Stauden, die die Hitze und Trockenheit durch tiefere Wurzeln vertragen, mehr schattenspendende Gehölze, Hecken, weitgehender Verzicht auf Rasen und versiegelte Flächen, standortgerechte Pflanzung, Vielfalt und Abwechslung im Garten. Das macht einen Garten interessant und kann die Anpassung an den Klimawandel leisten.

Artensterben und Gegenmaßnahmen

Das Artensterben gilt neben der Klimakrise als die größte Bedrohung für unseren Planeten und unser eigenes Leben. Wir befinden uns heute im größten Artensterben seit dem Ende der Dinosaurierzeit vor 65 Millionen Jahren.

Dieser eigentlich ganz natürliche Prozess, dass Arten aussterben, ist heute, unter dem Einfluss des Menschen, beträchtlich beschleunigt. Wenn wir die intelligentesten Säugetiere auf diesem Planeten sind, dann frage ich mich, warum wir diesen so vehement zerstören. Nahrung, Medizin, Rohstoffe, sauberes Wasser und Luft sind nur einige der wichtigen Dinge, die die Natur uns zur Verfügung stellt. Es ist längst Zeit, zu handeln.
In unserem Ökosystem haben Tiere und Pflanzen wichtige Funktionen. Ohne sie können wir auf unserem Planeten nicht existieren. Die Artenvielfalt liefert Nahrung, stellt Wirkstoffe für Arzneimittel bereit, dient der Erholung und spielt eine wichtige Rolle bei der Regulierung des Klimas. Laut Schätzungen gibt es knapp neun Millionen Tier- und Pflanzenarten weltweit. Der Großteil von ihnen ist noch unentdeckt.

OBEN Eine große Vielfalt an exotischen und heimischen Stauden und Bäumen prägt den Präriegarten. Für eine optimale Entwicklung lohnt sich ein Blick auf Standort und Bedürfnisse.

UNTEN Die Agastache ist eine Sonnenanbeterin und fühlt sich auf trockenen Standorten wohl. Als Schmetterlingsweidepflanze ist sie auch beim Kleinen Fuchs sehr beliebt.

Biodiversität erhalten

Für den Erhalt der Biodiversität ist eine Vielzahl von verschiedenen Tier- und Pflanzenarten wichtig, da unterschiedliche Arten unterschiedliche Nischen in unserem Ökosystem besetzen. Insekten sind die artenreichste Tiergruppe auf der Erde. Man kann auch sagen: Sie sind mit mehr als einer Million Arten die heimlichen Herrscher dieser Erde und in Form, Farbe und Lebensweise unvergleichbar vielfältig.
Wenn nun immer mehr Arten wegfallen, werden Ökokreisläufe gestört. Das merken wir schon heute gravierend. Durch den massiven Insektenschwund haben Vögel weniger zu fressen, Ernten fallen geringer aus und das wirkt sich wiederum auf unsere Ernährung aus. Der Rückgang der Biodiversität ist also auch eine Bedrohung für uns Menschen. Bieten wir den Insekten und allen anderen tierischen Gartenbewohnern in unseren Gärten doch ein vielfältiges und langanhaltendes Nahrungsangebot. Das schafft Lebensraumvielfalt.
Wir retten damit zwar nicht die Welt, aber wir tragen einen Teil zur Gesundwerdung bei. Und wenn jeder Gartenbesitzer einige Dinge beherzigt, dann können wir diesen negativen Trend vielleicht ein klein wenig aufhalten.

Nicht nur Schmetterlinge und Wildbienen, auch Käfer, hier der Rothalsbock tummeln sich auf den Blüten von *Heracleum sphondylium*.

Gleichzeitig schaffen wir eine Brückenfunktion. Artenschutz im Garten hat Sinn und nützt allen. Hören wir also auf, an dem Ast zu sägen, auf dem wir sitzen. Tun wir etwas für die nachfolgenden Generationen.

Umdenken fängt im eigenen Garten an

Wie können wir unsere Gärten so umgestalten, dass Schmetterling, Wildbiene und Co. sich im Garten wohlfühlen? Diese Frage ist ausgesprochen wichtig bei der Veränderung alter wie der Planung neuer Gärten. Die Antwort: Schaffen wir Lebensräume für die Tiere. Bienen, Schmetterlinge, Kröten, Vögel, Ohrwürmer und viel mehr benötigen ein üppiges, langanhaltendes Pflanzen- und Blütenangebot. Aber genauso wichtig sind Nist- und Überwinterungsplätze, Rückzugsecken und besondere Wärmeinseln. Kleinhabitate wie Steinhaufen, Totholz, trockene alte Blütenstände und Laubhaufen sind ebenso nützlich wie Pflasterritzen, Trockenmauern und sandige Plätze. Verzichten Sie auf Beleuchtung im Garten, damit die nachtaktiven Insekten nicht gestört werden. Sie orientieren sich an den Himmelskörpern, Dunkelheit ist für ihr Überleben essenziell.

Was Tiere brauchen

Die Lebensbedürfnisse der Gartentiere sind sehr unterschiedlich. Was sie alle bevorzugen, ist ein nicht zu aufgeräumter Garten, der ihnen genügend Nahrung und Rückzugsräume bietet. Dazu gehört z. B. ein großes Blütenangebot, Kleinhabitate wie Baumhöhlen und Totholz, eine Wasserstelle, Hecken und Mauern. Alles zusammen bedeutet Lebensraumvielfalt. Damit werden viele Tiere in den Garten einziehen und er wird mit einigen gezielt ausgewählten heimischen Pflanzen zum Naturerlebnisraum für Groß und Klein.

VON LINKS OBEN IM UHRZEIGERSINN Hohlräume und Mulm von Totholz sind Refugien z.B. für spezialisierte Insektenlarven, die wiederrum als Futter für Vögel und andere Insektenfresser dienen. I Wo es viele Insekten und Wasser gibt, da stellen sich auch Libellen ein. Gut besonnte, windgeschützte Bereiche sind ideal für Libellen. I Um die zehn heimische Schmetterlingsarten sind von Brennnesseln als Raupenfutterpflanzen abhängig. *Urtica dioica* ist also kein Unkraut, sondern eine Nützlingspflanze und darf gerne hier und da stehen bleiben. I Zauneidechsen (in Grün ein männliches Tier) sind in Deutschland selten geworden.

Von Nützlingen und Schädlingen

Jedes Tier im Garten hat seine Aufgabe, deshalb ist die Unterscheidung in Nützlinge und Schädlinge eigentlich nicht sinnvoll. Igel fressen beispielsweise Nacktschnecken, ohne die der Igel-Speiseplan aber um einiges ärmer aussehen würde. Igel tun etwas sehr Wichtiges: Sie lockern und lüften den Boden und halten die Anzahl an »schädigenden« Käferlarven in Grenzen. Maulwürfe, die »Feinde« aller Rasenbesitzer, sind äußerst wertvoll für unser Ökosystem, aber leider nicht sehr gerne im Garten gesehen. Viele Insekten halten Schädlinge wie Blattläuse und Spinnmilben im Zaum und Fledermäuse begrenzen die Anzahl an lästigen Mücken und Schnaken. Die einen können ohne die anderen nicht überleben. Es braucht im Garten deshalb ein ausgewogenes Verhältnis der Tiere, denen wir allesamt einen Lebensraum geben sollten. Von dem bunten Treiben im Garten bekommen wir meistens allerdings gar nichts mit.

Lebensräume schaffen

Es hat also nicht nur einen allgemeinen, sondern auch einen besonderen persönlichen Nutzen, die Artenvielfalt im Garten zu fördern. In unserer urbanisierten Welt ist es jedoch notwendig geworden, einigen Gartentieren gezielt bei der Ansiedlung zu helfen, sie im Winter zu füttern oder ihnen durch geschickte Gartenplanung einen Lebensraum zu schaffen.

Insekten und Spinnen

Am häufigsten sind Insekten und Spinnen im Garten vertreten. Viele Insekten wie z.B. Blatt- und Schildläuse, Raupen des Kohlweißlings oder Spinnmilben werden von anderen Insekten wie Marienkäfern, Schlupfwespen oder Raubmilben gefressen. Die Anzahl der für schädlich gehaltenen Insekten wird durch die Nützlinge immer in einem erträglichen Maß gehalten. Darüber hinaus erfüllen alle Insekten noch einen weiteren sehr wichtigen Zweck. Sie bilden die Nahrungsgrundlage für sehr viele andere Gartentiere. Insbesondere viele Vogelarten sind auf Insekten als Nahrung angewiesen. Verschwinden die Insekten, verschwinden auch die Gartenvögel und es wird langsam, aber sicher stumm im Garten. Wenn man gezielt Futterpflanzen für Schmetterlinge anbaut, lässt sich gut beobachten, wie der Entwicklungszyklus eines Schmetterlings vom Ei über die Raupe zum Falter erfolgt. Kohlpflanzen für die Raupen des Kohlweißlings, Knoblauchrauke für den Aurorafalter, Fenchel oder Wilde Möhre für den Schwalbenschwanz und Brennnessel sogar für zehn unterschiedliche Falter. Damit wird aus dem Garten ein Insektenparadies.

Vögel

Verschiedene Vogelarten wie Rotkehlchen, Amseln, Blaumeisen, Kohlmeisen, Gimpel, Buchfinken, Eichelhäher, Spatz, Heckenbraunellen und viele andere mehr bewohnen unsere Gärten. Ist ein Garten aber zu aufgeräumt angelegt, werden sich die verschiedenen Vogelarten schwer tun und nur wenige ansiedeln. Daher ist es besonders wichtig, die Gartenvögel gezielt zu unterstützen. Besonders geeignete Nistplätze und Nistkästen sind von großer Bedeutung. Schaffen Sie Brut- und Nistmöglichkeiten wie Hecken aus heimischen Gehölzen wie z.B. Hainbuche und Liguster. Auch gemischte Hecken aus Schlehen, Schwarzem Holunder, Kornelkirsche, Faulbaum, Heckenrosen und Feld-Ahorn sind eine wundervolle Wahl. Hier finden Vögel geeignete Plätze, um ihre Nester zu bauen und gleichzeitig auch Nahrung durch die Früchte. Viele Gartenvogelarten verbringen ihr Leben nämlich in einem relativ kleinen Radius um ihr Nest herum. Aber auch die Zufütterung und das Bereitstellen eines Vogelbades im Sommer helfen den Gartenvögeln, sich langfristig im Garten zu etablieren.

Igel

Igel sind dämmerungs- und nachtaktiv und nicht allzu häufig im Garten anzutreffen. Dennoch sind sie in einem naturnah angelegten Garten ganz

OBEN Vogelbad und Tränke werden gerne angenommen. Natürliche Gewässer sind vor allem in Siedlungsräumen nahezu verschwunden.

UNTEN LINKS Der Königskerzen-Mönch ist auf das Vorkommen verschiedener *Verbascum*-Arten angewiesen. In den großen Blättern der Königskerzen finden die Raupen eine üppige Speisekammer.

UNTEN RECHTS In naturnahen Gärten mit Hecken, Sträuchern, Stauden und wilden Ecken fühlen sich Igel am wohlsten. Hier finden sie Spinnen, allerlei Insektenlarven und die eine und andere Schnecke.

Fledermauskästen sollten in mindestens 4m Höhe sorgfältig angebracht werden.
Damit sie auch bezogen werden, dürfen sie nicht wackeln. Das mögen die Tiere nicht.

sicher anwesend. Ihr Nahrungsspektrum ist breit aufgestellt: Sie fressen Larven von Nachtfaltern und sonstige Insekten, Regenwürmer, Ohrwürmer, Schnecken, Hundert- und Tausendfüßer sowie Spinnen. Für die Winterruhe benötigen sie Laub- und Reisighaufen und bevorzugen ansonsten dichtes Strauchwerk. Da Igel sich Fettreserven für den Winterschlaf anfressen müssen, weil sie in der Kälteruhe bis zu 40% ihres Körpergewichts verlieren, kann es im Spätherbst mitunter sinnvoll sein, sie mit speziellem Igelfutter zu füttern. Auch im Frühjahr hilft zusätzliches Futter, um gestärkt auf nächtliche Schneckenjagd zu gehen. Für genauere Informationen können Sie sich beispielsweise bei Igelhilfen in der näheren Umgebung informieren.

Fledermäuse

Fledermäuse sind sehr wichtig für ein gesundes ökologisches Gleichgewicht. Die Verstädterung und intensive Landwirtschaft, die leider immer noch zu viele Pestizide einsetzt und Monokulturen anpflanzt, macht heimischen Fledermausarten das Leben kompliziert. Besonders Arten, die auf Totholz und Baumhöhlen angewiesen sind, haben es heute schwer. Aber auch unsere moderne Bauweise setzt vielen Arten zu. Neue Dachstühle sind isoliert und verschlossen, sodass die nachtaktiven Säuger immer weniger Lebensräume vorfinden, die sie nutzen können. Leider sind Fledermauskästen noch immer nicht sehr verbreitet, obwohl sie eine so einfache und simple Lösung des Problems sind. Inzwischen gibt es sogar Einbausteine

Trockenmauern erwärmen sich im Frühjahr schnell und geben die Wärme dann auch an die Pflanzen ab. Die vielen Spalten und Löcher in der Mauer sind ideal für Tiere.

und Einbauelemente, die in Hausfassaden und Dächer integriert werden können.

Amphibien und Reptilien

In Deutschland sind etwa 20 Amphibien- und 14 Reptilienarten heimisch. Zu den am meisten verbreiteten Amphibien gehören die Kröten. Sie können an jedem stehenden Gewässer heimisch sein, also auch an einem Gartenteich, der nicht groß sein muss. Dennoch sind sie stark gefährdet wie alle Amphibienarten, da nicht nur die Wasserverschmutzung, der Eintrag von Müll und die Uferbefestigung ihnen zusetzen, sondern auch die starke Freizeitnutzung von Gewässern aller Art. Frösche, Kröten und Molche sind ein Zeichen sauberer und gesunder Gewässer, Biotope und Feuchtgebiete. Sie ernähren sich primär von Insekten und Insektenlarven. So tragen Amphibien dazu bei, Insektenplagen gar nicht erst entstehen zu lassen. Viele Krötenarten räumen Schneckengelege aus. Reptilien sind in Gärten leider extrem selten geworden. Mauereidechsen, Blindschleichen, Smaragdeidechsen und Ringelnattern sind noch am häufigsten anzutreffen. Leider macht ihnen die intensive Flächennutzung das Leben schwer. Sie mögen unberührte und ungestörte Natur, brauchen Rückzugsräume und Flächen, an denen sie als wechselwarme Tiere Sonne tanken können. Dazu eignen sich Trockenmauern oder ein größerer Steinhaufen. Schon solche kleinen Maßnahmen sorgen dafür, dass Reptilien, wie z.B. Eidechsen, sich bei uns im Garten wohlfühlen.

Veronica umbrosa 'Georgia Blue' und *Potentilla* 'Miss Willmott' fühlen sich im trockenen Steingarten mit viel Sonne wohl.

Was Tiere verhindert

Viel zu oft denken wir, dass es nicht nur im Haus, sondern auch im Garten aufgeräumt sein muss. Das ist aber der falsche Ansatz. Die Natur hat ihre eigenen Gesetze, hier ist die vermeintliche Unordnung das Maß aller Dinge.

No-Gos und Alternativen

› *Einen Schottergarten anlegen, bei dem der Boden mit einem Vlies oder einer Folie abgedichtet, einzelne Pflanzen hineingesetzt und die Abdeckung mit Steinen belegt wird.* Mit Gärten haben diese Flächen nichts zu tun. Die abstrahlende Hitze der Steine im Sommer schädigt die Gewächse und zeugt von der Gedankenlosigkeit der Gartenbesitzer. Das Artensterben wird auf diese Weise noch gefördert.

› *Versiegelte Wege und Terrassen anlegen.* Es gibt viele Gründe, Flächen nicht zu versiegeln, unter anderem gibt es keine offenen Fugen, in denen sich spezielle Arten gerne ansiedeln, und es gibt bestimmte Tierarten, die gerade diese Pflanzenarten für ihre Entwicklung benötigen. Lassen Sie Terrassen- und Wegefugen frei, Brechsand- oder Kieselwege sind eine gute Alternative.

› *Schächte und Treppen ungesichert lassen.* Ein feinmaschiges Gitter als Abdeckung über offene Schächte verhindert, dass Tiere, z.B. Igel, hineinfallen und nicht wieder herauskommen. Im Fall von Kellertreppen hilft häufig schon eine Holzlatte am Rand, die als Rampe dient.

› *Stauden und Gräser direkt nach der Blüte beziehungsweise im Herbst zurückschneiden.* Ein Rückschnitt im Frühjahr ist auf jeden Fall besser. Viele Insekten überwintern nämlich in den Stängeln der Pflanzen. Die abgeblühten Pflanzen schützen außerdem den Boden vor Kahlfrösten und sind Nahrung für Vögel.

› *Mit Kirschlorbeer eine Sichtschutzhecke anlegen.* Kirschlorbeer ist für unsere Tierwelt ungeeignet. Die Früchte des Kirschlorbeers fressen unsere heimischen Vögel nicht. Sie werden häufig auch zu breit und zu hoch, was von Gartenbesitzern unterschätzt wird. Dasselbe gilt für Thujen, die unseren heimischen Insekten keine Nahrung bieten. Im Garten als Hecke ist sie ungeeignet, da in ihr kein Vogel brütet. Will man die Thujenhecke zurückschneiden, wächst sie im braunen Holz nicht nach, da sie von innen heraus treibt. Alternative Hecken aus Gehölzen wie Hainbuche, Liguster oder auch eine Hecke für Schmetterlinge mit Faulbaum, Schlehe, Blutrotem Hartriegel, Heimischer Traubenkirsche, Wolligem Schneeball und heimischen Heckenrosen wie *Rosa canina* sind gute Alternativen.

OBEN Verschiedene Gräser und Fruchtstände von Stauden bieten Unterschlupf und Nahrung z.B. für Insekten. Sie werden erst im nächsten Frühjahr geschnitten.

UNTEN LINKS *Rosa canina* macht sich in Heckenpflanzungen gut. Alle Wildrosen sind gute Nährpflanzen für Wildbienen und Pollenspender für Honigbienen.

UNTEN RECHTS Versiegelte Wege sollten im naturnahen Präriegarten tabu sein.

Wer den Grünspecht haben will, muss ein paar Ameisen tolerieren. Er findet sie in lockeren, vegetationsarmen Böden.

› *Laubsauger und Laubbläser bei der Gartenarbeit einsetzen.* Sie töten unendlich viele Insekten und andere am Boden lebende Tiere. Lassen Sie das Laub möglichst lange auf den Beeten liegen. Die Insekten und der Boden darunter sind geschützt. Freischneider und Mähroboter sind ebenfalls nicht empfehlenswert. Mähroboter können z.B. bei Igeln erhebliche Verletzungen verursachen. Harken Sie das Laub zusammen und verteilen Sie die Blätter auf den Beeten. Zu einem Laubhaufen aufgeschichtet, bieten sie einen guten Unterschlupf für Igel und andere Gartenbewohner.

Fazit - Gärtnern mit der Natur statt gegen sie

Gärtnern mit der Natur heißt - fünfe gerade sein lassen! Wenn wir sowohl die Insektenvielfalt als auch die anderen Lebewesen im Garten fördern, dann schaffen wir ein Gegengewicht zu der seit Jahrzehnten verschlechterten Situation in der freien Landschaft und im Siedlungsraum. Deshalb ist es wichtig, dass jeder in seinem Garten für diese Arten etwas tut: Das Umdenken fängt im eigenen Garten an.
Ein naturnaher und vielfältiger Garten bietet zahlreichen Tieren geeignete Lebensbedingungen.

EIN PROBLEM UND DIE FALSCHE LÖSUNG

Das »Problem«: Ameisen auf dem Gartenweg, sogenanntes Unkraut in den Pflasterfugen oder Blattläuse an Rosen oder Obstbäumen.
Die »Lösung«: Pestizide!
Über 500 Tonnen Pestizide werden in Deutschland pro Jahr in unseren privaten Gärten verteilt. Unkraut-Ex und Co. werden in erheblichen Mengen über Baumärkte und Gartencenter verkauft, ohne dass der Einsatz in Gärten kontrolliert wird.

Viele Gartenbesitzer hantieren ohne Bedenken mit der »Giftspritze«. Dabei gibt es gesetzliche Bestimmungen: Die Anwendung von Unkrautvernichtungsmitteln auf Nichtkulturlandflächen wie Wegen, Bürgersteigen, Garagenzufahrten, Terrassen, Straßen, Parkplätzen und Hofflächen ist generell verboten. Das gilt auch für Hausmittel wie Essig, Salz oder Grünbelagsentferner und Steinreiniger.

OBEN Schmetterlinge, hier der Kleine Fuchs, brauchen Blüten und Futterpflanzen.

MITTE Käferarten, Pilze, Insekten – Totholz ist Lebensraum und bietet einer Vielzahl von Tieren ideale Nist-, Entwicklungs-, Nahrungs- oder Überwinterungshabitate.

UNTEN So bitte nicht. Präriegärten sind artenreich, die Pflanzen sind dem Standort angepasst. In solchen Schottergärten bleibt dagegen die Natur außen vor.

Wildbiene, Schmetterling und Co. wie Igel, Fledermäuse, Amphibien und Vögel werden gleichermaßen profitieren. Mit so einem Garten sorgen wir für bessere Ernten z.B. bei Obst, erhalten die einheimische Pflanzenvielfalt und schaffen faszinierende Beobachtungs- und Erlebnisräume für kleine und große Naturforscher.
Den Insekten und anderen Gartenbewohnern ist es egal, wie man den Garten anlegt: ob formal, rechteckig oder geschwungen. Entscheidend sind Blütenreichtum, die Pflanzenarten- und Lebensraumvielfalt sowie eine nicht zu intensive Nutzung. Naturnahe Gärten können wunderschön sein, auch wenn man an der einen oder anderen Stelle einmal »fünfe gerade sein lässt«.
Die Kombination unterschiedlicher Nischen und Bereiche gibt dem Garten eine Struktur und den Bewohnern vielfältige Lebensräume. Wer sich für Insekten und andere Gartenbewohner engagiert, beginnt nach ihnen zu schauen. Auf einmal lassen sich Tiere entdecken, die vorher gar nicht bemerkt wurden. Der Garten wird durch die Vielfalt zum Natur-Erlebnisraum.

NATUR-PRÄRIEGÄRTEN

Die alarmierenden Berichte über den Rückgang der Artenvielfalt sollten jedem von uns zu denken geben. Daher mein Appell an Gartenbesitzer: Trennen Sie sich von Schottergärten und Einheitsgrün, lassen Sie wieder bunte Vielfalt in Ihrem Garten zu und entscheiden Sie sich für einen Natur-Präriegarten.

Prärie - was ist das?

Im 18. Jahrhundert wanderten Missionare nach Nordamerika ein und gaben den riesigen Graslandschaften den Namen Prärie. Damals war die Prärie noch von den Ureinwohnern bevölkert und bestand überwiegend aus Gräsern und blühenden Stauden. Heute ist die Prärie bedroht.

Bäume und Sträucher gab es früher in der Prärie kaum, üppige Graslandschaften prägten das Bild. Die Flächen wurden allerdings oftmals Raub der Flammen durch Blitzeinschlag oder durch die Methode der Ureinwohner, sie abzubrennen. Danach trieben die Gräser mit frischem Grün wieder aus und der Boden wurde sehr fruchtbar. Zu der Zeit gab es unzählige Bisonherden, die einen wichtigen Teil des Ökosystems ausmachten. Durch das Abweiden der Gräser, die Verteilung der Samen und das Zertrampeln des Bodens konnten sich Pflanzen wieder ansiedeln, vor allem die Einjährigen. Die Gebiete im Mittleren Westen waren besonders fruchtbar. Zwischen den Flüssen Mississippi und Missouri wuchsen die Pflanzen sehr hoch, da sie genügend Feuchtigkeit hatten. Im Westen, also Neu-Mexiko und Teilen von Texas, und Süden war es allerdings seit jeher so trocken und mager, dass nur Gräser und wenig Blumen etabliert waren.

OBEN Zu den Pflanzen einer typischen Prärie gehören meterhohe Bäume genauso wie wenige Zentimeter kleine Blütenpflanzen. In Nationalparks wurden Bisons vor dem Aussterben bewahrt.

UNTEN *Solidago* und *Helianthus petiolaris* sind typische Vertreter der Hochgrasprärie.

Die Prärie und ihre Bewohner

Die begrenzte Vegetation geht auf die kontinentale Lage und den Regenschatten der Rocky Mountains sowie die damit verbundenen ariden Klimabedingungen zurück. In den Kaltzeiten des Eiszeitalters wurde dann Löss aufgeweht. Heute wiederholt sich dieses Szenario im Rahmen der Wüstenbildung durch landwirtschaftliche Übernutzung. Von Ost nach West findet ein Anstieg des

PRÄRIE ODER STEPPE?

Unter Prärie (frz. »Weide«, »Wiese«) versteht man die nordamerikanische Ausprägung der Steppe, einer Vegetationszone im Mittleren Westen der USA und Kanada. Sie bildet die westliche Randzone der Great Plains. Oft werden die beiden Begriffe Prärie und Steppe im deutschen Sprachraum synonym verwendet. Analog zu anderen Steppengebieten, wie der Mongolei oder der ungarischen Tiefebene, lebten ihre menschlichen Ureinwohner nomadisch.

Im Abendlcht der untergehenden Sonne werden die Gräser der Prärie in einen goldenen Schimmer getaucht. Die Landschaft wirkt beinahe magisch.

Höhenniveaus sowie eine Abnahme des Niederschlags statt. Dies wirkt sich in der Vegetation in einer Typenserie von Ost nach West aus: Die Hochgrasprärie geht über in eine Mischgrasprärie und dann in die Kurzgrasprärie.

Die Ureinwohner der Prärie waren Nomaden, die in Tipis auf den weiten Ebenen Nordamerikas lebten. Als der Osten der USA durch europäische Einwanderer und deren Nachkommen bevölkert wurde, kam es unter den Prärieindianern zu regelrechten Völkerwanderungen.

Schwächere Völker des Ostens, wie die Sioux sowie die Cheyenne, wurden von den mächtigeren Stämmen nach Westen vertrieben. Sie kamen Mitte bis Ende des 18. Jahrhunderts in den »Wilden Westen« und stiegen dort zum Teil zu bedeutenden Völkern auf.

Nachdem die Spanier auf ihren Expeditionen im 18. Jahrhundert in Nordamerika einige Pferde zurückgelassen hatten, verwilderten sie und fanden in der Prärie einen idealen Lebensraum. Sie wurden von den indigenen Völkern erneut gezähmt und machten deren Lebensstil erheblich komfortabler. Erst mit dem Pferd war es den Ureinwohnern möglich, dauerhaft in die Weiten der Plains zu überleben, da sie auf und von den Pferden leichter auf die Jagd gehen konnten.

Die Millionen von Bisons, die früher in den endlosen Weiten der Prärie lebten, wurden jedoch bis Ende des 19. Jahrhunderts von den Europäischen Siedlern praktisch ausgerottet. Dadurch war die nomadische Lebensweise vieler indigenen Völker in der Prärie ebenfalls praktisch zum Aussterben verurteilt.

Echinacea paradoxa stammt aus dem Süder der USA und ist eine schöne Wildart für den Natur-Präriegarten.

Dalea purpurea syn. *Kuhnistera violacea* wächst in Prärien, Savannen und Hartlaubwäldern des Mittleren Westens.

Die Prärie heute

Heute bilden die Prärien eine riesige landwirtschaftlich genutzte Fläche, die teilweise auch verödet ist. Durch die künstlich bewässerten Anbauflächen für Weizen, Mais und andere Produkte schreitet die Verödung weiter fort. Mittlerweile erleben allerdings die Bisonzucht und die Renaturierung großer Gebiete zu Prärieflächen eine ungeahnte Renaissance. Durch die gemeinschaftliche Landnutzung und auch mit der Rückkehr ursprünglich hier beheimateter Indigene könnte es zur ökologischen, wirtschaftlichen, demografischen sowie touristischen Wiederbelebung des Mittleren Westens der USA kommen. Im 19. Jahrhundert gab es in den Great Plains etwa 690.000 Quadratkilometer Grasland. Nur noch etwa vier Prozent davon sind intakt. Dadurch ist das Ökosystem sehr stark bedroht. Naturschützer hoffen, dass durch die Neuanlage von Teilen der Prärie und der Neuansiedelung des Bisons wenigstens ein Teil der ursprünglichen Fläche zurückzubringen ist. Man kann nur hoffen, dass auf diesem Weg das Artensterben reduziert werden kann.

Prärietypen

In Nordamerika wird zwischen drei verschiedenen Prärietypen unterschieden:

Hochgras-Prärie

Die Hochgras-Prärien im Osten - die nördliche Schwingelgrasprärie von Wisconsin, Minnesota, North Dakota, Iowa bis zu dem angrenzenden südlichen Kanada sowie die Küstenprärie an der Golfküste - sind geprägt durch die natürlichen

Pflanzengemeinschaften, die sich durch Artenreichtum auszeichnen. Es handelt sich bei dieser Prärie um eine Vegetation aus Stauden und Gräsern, die durch die wechselnden Blühaspekte bezaubern. Die Vegetation ist sehr üppig, da der Regen vor allem in der Vegetationsperiode fällt. Hier werden die Pflanzen bis zu 3 m hoch. Die Böden sind sehr fruchtbar, tiefgründig und humos. Teilweise sind sie durchzogen von unzähligen kleinen Seen, Tümpeln und wassergefüllten Senken, die in der letzten Eiszeit entstanden sind. Hier finden sich im Norden Gräser, z.B. verschiedene Seggenarten zusammen mit dem Prärie-Seilgras (engl. Cord Grass) (*Spartina pectinata*) und wenigen feuchtigkeitsliebenden Hochstauden wie Sumpf-Eibisch (*Hibiscus moscheutos* subsp. *palustris*). Das typische Gras der Hochgras-Prärie ist der Große Blauhalm (*Andropogon gerardii*), außerdem machen Indianergras (*Sorghastrum nutans*) und einige im Hochsommer blühende Stauden wie Arkansas-Scheinaster (*Vernonia arkansana*), Dreiblatt-Silphie (*Silphium asteriscus* subsp. *trifoliatum*) auf sich aufmerksam. Auch die Glatte Aster (*Aster laevis*), der Purpur-Sonnenhut (*Echinacea purpurea*), das Sonnenauge (*Heliopsis helianthoides*), die Ährige Prachtscharte (*Liatris spicata*), der Gewöhnliche Sonnenhut (*Rudbeckia fulgida*), die Inkarnat-Seidenpflanze (*Asclepias incarnata*), der Hohlstängelige Purpurdost (*Eupatorium fistulosum*) und andere Arten davon, der Virginische Ehrenpreis (*Veronicastrum virginicum*) und das Lanzen-Eisenkraut (*Verbena hastata*) sind anzutreffen.
An der Küste wachsen Gräser wie das Indianergras, das in den Präriepflanzungen sehr gut verwendet werden kann. Als Stauden kommen beispielsweise Hohes Mädchenauge (*Coreopsis tripteris*), Hohlstängeliger Purpur-Dost, Purpur-Sonnenhut und Sonnenauge (*Heliopsis helianthoides*) vor.

Mischgras-Prärie

Die Mischgras-Prärie ist das natürliche, baumfreie Grasland im zentralen Nordamerika mit hohen und niedrigen Gräsern. Sie zieht sich als breiter Streifen von Norden nach Süden und bildet den Übergangsbereich zwischen der Hochgras-Prärie und der regenarmen Kurzgras-Prärie. Die Mischgras-Prärie ist sehr blütenreich, auch wenn es hier schon erheblich trockener ist. Hier wächst Rutenhirse (*Panicum*), die als Hauptnahrungspflanze der Büffel gilt. Es gibt mittlerweile unzählige *Panicum*-Sorten von graublaulaubig bis rotbraunlaubig. Farbenfrohe Stauden gibt es auch im Überfluss, z.B. Scheinsonnenhüte (*Echinacea pallida, E. paradoxa, E. purpurea*), Indigolupine (*Baptisia australis*), Großblumige Kokardenblume (*Gaillardia × grandiflora*), Indianernesseln (*Monarda didyma, M. fistulosa*), Bartfaden (*Penstemon*), Amerikanische Bergminze (*Pycnanthemum pilosum*), Raue Goldrute (*Solidago rugosa*).

Kurzgras-Prärie

Die Kurzgras-Prärie schließt sich in den noch höher gelegenen Gebieten an. In einigen Naturschutzgebieten gibt es artenreiche Prärien auf eiszeitlichen Moränenablagerungen (z.B. Hill Präries, Gravel Präries, Sand Präries). In der eigentlichen Kurzgras-Prärie, also dem Grasland, wird durch die ungünstigen Standortbedingungen Gehölzaufwuchs weitgehend unterdrückt, da es zu trocken und heiß ist. Die Pflanzen haben sich morphologisch angepasst und sind daher auch sehr trockenheitsverträglich durch schmales Laub, grau-silbrige Behaarung, eine raue Blattoberseite oder auch wachsige Blattüberzüge. Die Kurzgras-Prärie ist wie die echten Steppen in Osteuropa und Vorderasien eine klimatisch bedingte, von Gräsern dominierte Vegetationsform. Es überwiegen Gräser wie das Schlanke Moskitogras (*Bouteloua gracilis*), das Hängende Moskitogras (*Bouteloua curtipendula*), das Mexikanische Federgras (*Stipa tenuissima*) aber auch Büffelgras (*Buchloe dactyloides*). Blütenstauden wie die Knollige Seidenpflanze (*Asclepias tuberosa*) oder die Prachtscharte haben sich durch verdickte Pfahlwurzeln oder Knollen angepasst. Die Wildformen von Scheinsonnenhut

OBEN In der Hochgras -Prärie herrscht ein eher nährstoffreicher, nicht zu trockener Boden. Hier kommen bunt blühende Stauden, Gräser und Gehölze vor.

UNTEN LINKS *Liatris-spicata,* eine Staude der Mischgras-Prärie, zieht mit den hübschen Blütenständen die Blicke auf sich.

UNTEN RECHTS Bei *Bouteloua gracilis*, einem Kurzgras, scheinen die Blütenstände wie Moskitos über der Pflanze zu schweben.

LINKS Im Sichtungsgarten Hermannshof ist die Weinheimer Präriemischung Indianersommer zu sehen.

RECHTS Die Hochland Aster *Solidago ptarmicoides* harmoniert bestens mit *Nassella tenuissima.*

(*Echinacea pallida, E. tennesseensis*), aber auch Beifuß (*Artemisia*) und Bleibusch (*Amorpha*) weisen eine silbrige, schützende Behaarung auf.

Geschichte des Präriegartens

In der heutigen Staudenverwendung waren die Jahre von 1985 bis 1995 die Ausgangsbasis. Die darauffolgenden Jahre beflügelten so manchen Pflanzenverwender und Staudenproduzenten. Ab 1992 schlossen sich auch Gärtner in Deutschland zusammen, darunter unter anderem Dieter Gaißmayer aus Illertissen mit seiner Gärtnerei (siehe Anhang Seite 185). Noch heute gibt es die sehr beliebte Veranstaltung »Grünberg Staudentage« in der Bildungsstätte Gartenbau in Grünberg (siehe Anhang Seite 184), die schon ab 1969 von Peter Menzel initiiert wurde, bevor Hans Simon übernahm. Heute leitet Cassian Schmidt das Seminar. Es sorgt für einen regen Wissens- und Informationsaustausch. Auf europäischer Ebene organisiert bis heute die internationale Staudenunion (ISU) neben Tagungen auch Exkursionen. Hier kommen die Planer und Verwender aus Europa und aller Welt zusammen und lösten vor vielen Jahrzehnten einen Wandel in der Gartengestaltung in der Verschmelzung von »Dutch Wave«, »New American Style« und »New German Style« aus.

New German Style

Durch die neue Staudenverwendung (siehe auch Richard Hansen»Die Stauden und ihre Lebensbereiche«, 1981) entwickelte sich in Deutschland ein neuer Gartenstil: »New German Style«. Gleichzeitig entstanden in den Niederlanden und Nord-

amerika ganz ähnliche Strömungen der neuen Staudenverwendung: »Dutch Wave« und »New American Garden«. Alle drei Richtungen wurden von visionären Gartenenthusiasten, allen voran Cassian Schmidt und Piet Oudolf in Europa und Gartenenthusiasten aus den USA, wie Wolfgang Oehme und James van Sweden, geprägt.
Als Cassian Schmidt, Staudengärtnermeister und Landschaftsarchitekt, 1998 von Urs Walser die Leitung des erst 15 Jahre zuvor gegründeten Schau- und Sichtungsgarten Hermannshof übernahm, wollte er hier neben der Erhaltung der Gartenanlage (1879) auch eigene Projekte im Garten verwirklichen. Seine Leidenschaft zu Gräsern wurde durch Besuche in den USA verstärkt. In Nordamerika besuchte er zunächst im Botanischen Garten Chicago die Präriepflanzungen. Später begegnete er dieser Pflanzenformation auch in der freien Natur. Er besuchte Staudengärtner und Planer wie Rick Darke, Wolfgang Oehme und James van Sweden. 2001 bepflanzte er eine größere Fläche im Sichtungsgarten vor dem Konferenzhaus mit Präriestauden. Viele Arten waren damals in der gärtnerischen Kultur unbekannt und mussten aufwendig von Naturstandorten beschafft werden. Die schnelle und farbenfrohe Entwicklung, der Charme des Natürlichen und Unbekannten führten sehr bald zu einer großen Begeisterung in der Fachwelt wie auch unter Hobbygärtnern. Die Sortimentslisten der Staudengärtnereien wurden um Präriepflanzen erweitert.
Cassian Schmidt übernahm auch die Leitung des Arbeitskreis Pflanzenverwendung, der an der Entwicklung einiger Mischpflanzungen beteiligt war und hat in den vergangenen Jahren weitere Pflanzungen entwickelt oder überarbeitet, bei denen ihm die Natur als Vorlage diente. Gesehenes und von dort Mitgebrachtes fügte er aber im Hermannshof in gestalterisch überhöhter Form wieder zusammen. Auch wenn sich Cassian Schmidt an der Schönheit von Einzelpflanzen und Arten begeistern kann, sind es doch Pflanzengemeinschaften, die er gesamtheitlich konzipiert und schätzt.

Der Vlinderhof ist ein Stauden- und Gräsergarten im Maximapark. Hier wurde u.a. die Staudenwiese von Piet Oudolf gestaltet.

Dutch Wave

Piet Oudolf (Jahrgang 1944) ist ein holländischer Gärtner und Gartengestalter. Er entwickelte seinen ganz eigenen Stil, die sogenannte »Dutch Wave«-Bewegung. Ihm war es wichtig, bei seinen Entwürfen den Kunden bei der Anlage von Staudenflächen die Strukturen, Konturen und Texturen aber auch die Schönheit der Fruchtstände und das Vergehen der Pflanzen ans Herz zu legen. Mit dem Buch »Designing with Plants«, das er zusammen mit dem Engländer Noel Kingsbury 1999 herausbrachte, gelang ihm der internationale Durchbruch mit Projekten in Schweden (1966) und England (Privatgarten Bury Court, 1996, und Millennium Garden Pensthorpe, 1999). Er schaffte aufsehenerregende Projekte unter anderem in den USA (Battery Park und Highline in New York, Lurie Garden, Chicago). Sein Gartenstil änderte sich über die Jahre und es ließen sich Einflüsse aus der Nordamerikanischen Prärie und Deutschland, besonders aus dem Hermannshof, erkennen. So wurden die Pflanzungen natürlicher und der Anteil der nordamerikanischen Arten sowie die wiesenartig verwendeten Gräser nahmen zu.

VON LINKS OBEN IM UHRZEIGERSINN *Veronicastrum*, *Monarda* und *Echinacea* ergänzen sich farblich und durch ihren unterschiedlichen Habitus.
Die Glattblatt-Aster 'Blauschleier' (*Aster laevis*) blüht im September und Oktober und zaubert so im Ausklang des Gartenjahres noch einmal Farbe in die Beete.
Monarda und *Rudbeckia* sind ideale Beetpartner, die mit ihren Blütenfarben in Gelb und Lila eine besonders gelungene Kombination ergeben.

Präriestauden in der Gartengestaltung

Präriestauden sind schon lange in unseren Gärten vorhanden. Bereits Kolumbus brachte vor mehr als 500 Jahren die Staudensonnenblume nach Europa. Carl von Linné (1707-1776) war ein schwedischer Naturforscher, der mit der binären Nomenklatur die Grundlagen der modernen botanischen und zoologischen Taxonomie schuf. Sein offizielles botanisches Autorenkürzel lautet »L.«. In seinem Werk »Systema Naturae« (erstmals erschienen 1735) behandelt er u.a. auch die Pflanzen. Bis dato mitgebrachte Pflanzen wurden hier aufgelistet und eingeordnet.

Seitdem kamen immer mehr Pflanzen aus der Nordamerikanischen Prärie zu uns. Staudensonnenblume (*Helianthus atrorubens* L.1732), Glatte Aster (*Aster laevis* L.1758), Sonnenhut (*Rudbeckia* L. 1750), Indianernesseln (*Monarda* L. 1753). Sonnenauge (*Heliopsis*), Goldrute (*Solidago*), Flammenblume (*Phlox*), Sonnenbraut (*Helenium*) und Rutenhirse (*Panicum*) sind bereits seit mehreren Jahrhunderten bekannt, sie zählen zu den traditionellen Beetstauden.

Nachhaltige Begrünung

Die Präriesstauden aus den bodenfrischen bis trockenen Hochgrasprärien der mittleren USA sind sehr anpassungsfähig und robust. Durch ihr intensives und sehr tief reichendes Wurzelsystem können diese Pflanzen auch schon einmal Trockenperioden von drei Wochen problemlos überstehen. Ein weiterer Pluspunkt ist, dass zusätzliche Bewässerung und Düngung nach der Anwachsphase nicht notwendig sind. Ebenso sind der naturnahe und wiesenartige Charakter und auch die unterschiedlichen Bodenbedingungen ein Kriterium dafür, dass Präriepflanzen eingesetzt werden können. Man kann mit ihnen eine dauerhafte und nachhaltige Begrünung im Garten schaffen. Auch wenn Präriepflanzen nicht heimisch sind, so schafft man doch für viele Insekten im Hoch- und Spätsommer eine Nektarquelle, wenn heimische Stauden schon verblüht sind.

Verbena bonariensis im Einklang mit *Veronicastrum* und *Calamagrostis* x *acutiflora* 'Karl Foerster' sowie *Gaura lindheimeri*.

TIPPS ZUR ANLAGE

- Bei der Anlage einer Präriefläche darf man nicht aus den Augen verlieren, dass die Stauden sehr spät austreiben. Daher sollte gut geplant werden, damit auch in der blütenarmen Zeit zwischen April und Mai geeignete Zwiebelpflanzen oder auch Stauden aus anderen eurasischen Vegetationsformen, die man wundervoll in so eine Pflanzung integrieren kann, mit eingefügt werden.
- Sind Geophyten integriert, so hat das Auswirkungen auf den Rückschnitt der Pflanzung. Er sollte etwa im Januar oder Februar erfolgen, wenn die Krokusspitzen der Wildkrokusse erscheinen.
- Der europäische Präriestil ist großzügig und vermittelt eine Weite, die lichtdurchflutet ist. Die savannenartige Vegetation und Natürlichkeit wird unterstrichen durch die züchterisch kaum veränderten Wildpflanzen.
- Wogende Gräsermeere bringen mit warmen Tönen des Indian Summer spannende Kontraste.

VON LINKS OBEN IM UHRZEIGERSINN Im Natur-Präriegarten gibt es eine bunte Fülle an Stauden in unterschiedlichen Höhen, Farben und Formen, heimische und nicht heimische Arten. Was zählt sind ähnliche Standortbedürfnisse. **I** Wer etwas mehr Klarheit braucht, pflanzt unterschiedlich hohe Arten in verschiedenen Farben jeweils auf einer größeren Fläche nebeneinander. **I** Leichte Tulpen und filigrane Gräser Ton in Ton sind eine weitere Spielart des Präriegartens.

Prärie und Natur im Einklang

Naturgarten und Präriepflanzen, das schließt sich keinesfalls aus. Bei meinen Pflanzungen achte ich immer darauf, eine natürliche und ökologisch wertvolle Gesamtsituation zu erreichen.

Das Beste aus beiden Welten

Die besten Ideen für einen Naturgarten kommen aus der Natur selbst: Die Pflanzen wachsen da, wo sie sich wohlfühlen und in Gemeinschaft mit den Arten, die ähnliche Ansprüche haben, sie erfreuen mit wunderschönen Blüten, besonderem Blattschmuck oder Habitus und geben Tieren Nahrung und Unterschlupf. Im Präriegarten gibt es viele, auch heimische Wildstauden, die sich im Natur-Präriegarten wohlfühlen und diese Gartenform passt sich mehr als andere den sich wandelnden kliamtischen Verhältnissen an. Eine perfekte Kombination also.

LINKS Im Herbst erscheinen die Blüten von *Colchicum utumnale* und lassen harte Steinkanten weicher erscheinen.

RECHTS *Pulsatilla*, *Anemone* und *Tulipa* zählen auch im Natur-Präriegarten zu den Frühlingsboten.

Natur im Garten - Naturgärten

Das Ziel bei der Gestaltung eines ganzheitlichen Naturgartens ist die ökologische Vielfalt der Natur in den vorhandenen Raum zu holen. Es kommt bei einem solchen Garten auch auf die Gestaltung des Geländes an.

Die Naturgarten-Bewegung der 1980er hat auch mich dazu bewogen, meinen ersten eigenen 2.000 m^2 großen Garten 1981 teilweise als Naturgarten anzulegen. Das Standardwerk »Der Bio-Garten« von Marie-Luise Kreuter, erstmals erschienen 1982 im BLV-Verlag, war dabei ein wundervoller Helfer für alle Bereiche in meinem Garten. Die Vielfalt eines ganzheitlichen Gartens bezieht sich nicht nur auf die Pflanzen- und Tierarten, die sich in ihm ansiedeln können, sondern es kommt auch auf die Gestaltung des Geländes an. Das war in meinem Garten damals einfach, da das Grundstück nach Norden um 1 m abfiel, und das Haus hoch heraus gebaut werden musste. Unsere Auffahrt war 50 m lang und es wurde ein Gefälle für die Kanalisation benötigt. Das wiesenhafte Grundstück war von Knicks umgeben. Wir legten zwei Teiche mit Sumpfzonen an. Aus meinen vielen Besuchen in England war ich fasziniert von Gartenräumen. Ich plante Räume für Gemüse, für Rosen und Stauden, für Buchsbeete in verschiedenen Formen und Aufteilungen und eine Wiese mit Obstgehölzen ein. Abgerundet wurde der Garten mit Steinwällen aus Moränensteinen, die bei uns ganz natürlich vorkommen. Ein Gewächshaus kam dazu. Ich verzichtete auf große Rasenflächen und entschied mich für Rasenwege, die den Garten durchzogen. Auf Kunstdünger verzichtete ich komplett. Dieser ganzheitliche Ansatz mit heimischen Pflanzen, »Wilden Ecken« und mit der Natur im Einklang zu leben, war mir sehr wichtig, wobei ich nicht auf die wundervollen Stauden und historischen Rosen aus verschiedenen Regionen verzichten wollte. Mein Garten glich in Teilen einem natürlich gewachsenen Raum, der jedoch von mir angelegt und gepflegt wurde.

OBEN Nach der üppigen Allium-Blüte erscheinen die Blüten von *Gaura lindheimeri*, *Phlomis russeliana* und *Silene coronaria*. Die gelb blühende *Coreopsis grandiflora* lässt das Beet leuchten.

UNTEN Das Nebeneinander unterschiedlicher Blüten- und Blattfarben hat starken Einfluss auf die Wirkung eines Beets. Weiße Blüten verstärken die Wirkung aller Blütenfarben.

Geländegestaltung

Man schafft unterschiedliche Ökosysteme für die zukünftigen Gartenbewohner, z.B. mit kleinen Hügeln und Tälern, Trockenflächen und Feuchtgebieten, Stein- und Holzhaufen und bewachsenen Naturstein-Wällen. Ein Wechsel des Bodenuntergrundes von Sandflächen für Wildbienen zum Nisten, bis zu Steinhaufen für Amphibien sollte in

OBEN Wasser ist für viele tierische Gartenbewohner von großer Bedeutung. Vögel, Igel, Käfer & Co. sowie die bunte Insektenwelt sind auf das kühle Nass angewiesen.

LINKS In Europa ist *Echium vulgare* weit verbreitet. Die heimische Pflanze ist ein hochwertiger Nektarlieferant für Insekten.

keinem Garten fehlen. Wichtig bei einem Teich ist die Gestaltung von Sumpfbereichen um ihn herum. Eine Steppenbepflanzung wird durch das Einsetzen von Gräsern lebendig. Sogar die lichtarmen, feuchten Bereiche unter großen Bäumen lassen sich hervorragend mit Farnen, Stauden, Gräsern und Moosen begrünen. So sorgen die verschiedenen Bereiche eines Naturgartens für vielfältige gestalterische Möglichkeiten und können mit den passenden Pflanzen bestückt werden.
Immer kommt es aber auf den richtigen Standort an. So bietet sich an jedem Ort des Naturgartens eine eigene kleine Welt, die zur Vielfalt beiträgt und verschiedenen Lebewesen ein Zuhause bieten kann. Im Naturgarten geht es um Diversität. Jede Pflanze und jedes Tier spielten in der Konzeption des Naturgartens eine wichtige Rolle und tragen

Euphorbia palustris ist eine pflegeleichte und langlebige Staude für den feuchten Teichrand. Die Teilblütenstände bestehen aus einer weiblichen und fünf männlichen Blüten.

dazu bei, damit das abwechslungsreiche Ökosystem im Garten funktioniert. Bienen, Schmetterlinge und andere nützliche Insekten und Kleintiere finden hier eine Heimat und Nahrung. Eingesetzt werden hauptsächlich heimische Gewächse von Nutzpflanzen bis hin zu Wildpflanzen. Durch die Anlage der verschiedenen Bereiche innerhalb des Gartens gibt es die Möglichkeit, unterschiedliche kleine Welten zu schaffen, die zum Verweilen einladen und die Vielseitigkeit der Natur widerspiegeln. Vorteil eines durchdacht angelegten ganzheitlichen Naturgartens ist seine Pflegeleichtigkeit. Die Lage, die Bodenbeschaffenheit, die Gestaltungsmöglichkeiten, der Sonneneinfall - diese Elemente und vieles mehr bildeten die Basis des Gartens. Anschließend können passend zu den vorherrschenden Gegebenheiten die richtigen Gewächse ausgewählt werden. Dadurch, dass diese an einen optimalen Standort gesetzt werden, erfordern sie im Anschluss nur noch wenig Pflege. Ein geschickter Aufbau des Gartens kann die Pflegemaßnahmen, wie das Wässern und organisch Düngen, im Laufe der Zeit auf ein Minimum reduzieren. Durch die interessante Aufteilung des Gartens in verschiedene Ökosysteme, die vielseitigen Gewächse von Nutz- bis Wildpflanzen und die pflegeleichte Auswahl heimischer Pflanzen entsteht ein geeigneter Garten auch für Familien, ein Natur-Erlebnisraum für Klein und Groß. Sie können in dem Garten jederzeit auf Entdeckungstour gehen.

OBEN Viele Präriepflanzen sind Spätblüher und für verschiedene Insekten im Hoch- und Spätsommer eine wertvolle Nektarquelle, wenn ansonsten der Blütenreichtum wieder nachlässt.

MITTE Silberblättrige Stauden wie *Stachys byzantina* bilden enen herrlichen Kontrast zu lila und rot blühenden Stauden. Sie wirken farblich wie ein Cool Downer.

UNTEN In einer Gartenecke darf ruhig auch die Knoblauchsrauke (*Alliaria petiolata*) stehen bleiben. Die Zweijährige lockt Bienen, Fliegen, Schwebfliegen und Käfer an und ist Futterpflanze für die Raupen des Aurorafalters.

Was einen Natur-Präriegarten ausmacht

Ein Natur-Präriegarten ist eine Kombination aus einem Naturgarten und einem Präriegarten. Diese Mischung aus dem besten beider Welten findet hier eine Vereinigung. Die Kombination macht diesen Garten zum Ort der Biodiversität für heimische Insekten und Kleintiere und ist eine Antwort auf den fortschreitenden Klimawandel, der gekennzeichnet ist durch anhaltende große Hitze und Trockenheit und andere Naturereignisse wie Starkregen, Stürme und Überschwemmungen. Präriepflanzen lassen sich sehr gut in unsere Gärten integrieren und die Fruchtbarkeit der Böden in der Prärie kommt unseren gewachsenen Böden entgegen. Die tiefwurzelnden Pflanzen überstehen schon einmal Trockenheit bis zu drei Wochen und mehr. Sie holen sich aus den tieferen Bodenschichten Wasser und Nährstoffe. Bei den heimischen Wildpflanzen achte ich unter anderem darauf, dass es Pflanzen sind, die auch zum Teil Futterpflanzen für Raupen sind.

OBEN Kein Platz für Insekten: Hortensien brauchen viel Wasser und haben nur einen geringen ökologischen Wert.

LINKS In einer Wildpflanzenmischung mit Schafgarbe und Wilder Karde summt und brummt das Leben.

Gesamtheitlich denken

Wir müssen den Garten als Großes und Ganzes denken: Wichtig sind heimische Gehölze und die Möglichkeit, den Garten zu kühlen. Das gelingt am besten mit geschickt gepflanzten Hecken und Bäumen, einer guten Profilierung des Gartens und den standortgerechten Pflanzen. Hier orientiere ich mich immer an dem Naturstandort. Die Klimaverlierer in etlichen Regionen werden zunehmen, wie bereits jetzt Rhododendren (*Rhododendron*), Hortensien (*Hydrangea*), Buchs (*Buxus*), Stauden-Phlox (*Phlox paniculata*) und Astilben. Auch Rasenflächen haben kaum noch eine Überlebenschance. Wenn Sie Ihren Garten ein wenig klimageeigneter umbauen möchten, dann verabschieden Sie sich doch von größeren Rasenflächen. Lassen Sie ein klein wenig Unordnung einziehen, schaffen Sie Plätze zum Entspannen für Gartenbewohner und -nutzer. Hier kann, nachdem die Rasensoden abgetragen sind, ein wundervolles blütenreiches Refugium entstehen. Entscheiden Sie selbst, ob die Fläche mineralisch gemulcht werden soll oder ob der Boden offen bleibt und Sie sich mit Einsaaten von einjährigen Pflanzen helfen wollen, damit der Boden bedeckt ist. Alle Maßnahmen wirken sich auf die Pflegeintensität aus.

Vielfalt im Natur-Präriegarten

Dass im naturnah angelegten Präriegarten eine große Vielfalt an Pflanzen gefragt ist, kommt sicher dem eigenen Geschmack entgegen und macht den natürlichen Charme der Pflanzung aus.

Blickfänge

Eine Natur-Präriebepflanzung ist meist sehr farbenfroh und durch den Einsatz verschiedener Gräser erinnert sie mitunter an eine Blumenwiese. Die Farbenvielfalt und die längere Blütezeit sind sehr beeindruckend. Grund dafür ist die Mischung von Wildstauden, heimischen Gartenstauden und Präriestauden. So ein Garten blüht bis in den späten Herbst hinein, selbst im Winter wirken die stehen gelassenen Stauden wie Skulpturen, sind Nahrung für Vögel und bieten allerlei Tieren Unterschlupf. Insekten haben dadurch Wirts- und Pollenpflanzen von Februar bis November.

LINKE SEITE Die meisten Präriepflanzen sind robust und pflegeleicht. Schon in kurzer Zeit kann nach der Pflanzung ein hoher Deckungsgrad erreicht werden.

LINKS Mohnblüten sind ein Kunstwerk der Natur. Aber auch die Fruchtkapseln sind eine optische Bereicherung.

UNTEN LINKS Die Blüten des Klappertopfs ernähren Hummeln und andere Insekten, die großen Samenkapseln bieten Nahrung und Unterschlupf für Insekten.

UNTEN RECHTS Jede Menge Gartenlaubkäfer tummeln sich auf der Blüte einer Wilden Möhre.

Kein Garten ohne Gehölze

Gehölze sind ein wesentlicher Bestandteil im Garten und können auch einen Natur-Präriegarten bereichern. Außerdem haben Hecken eine wichtige Aufgabe im ökologischen Gefüge, die nicht unterschätzt werden darf.

Hecken aus Laubgehölzen kühlen den Garten, wirken als Windschutz, bieten Vögeln Nistmöglichkeiten, Nahrung durch die Früchte und verschiedensten Tieren Schutz. Außerdem spenden sie Schatten, der in Zeiten des Klimawandels immer wichtiger wird. Hier sollten Sie bei der Auswahl auf die Erfahrung von guten Baumschulen setzen, die Sie fachkundlich beraten können.

Heimische Gehölze

Als heimische Gehölze möchte ich Ihnen die Echte Felsenbirne (*Amelanchier sanguinea* syn. *rotundifolia, A. ovalis*) empfehlen, die einzige, die aus Europa stammt und durch ihre wundervollen Blüten im Frühling begeistert. Ihre schmackhaften Früchte werden sehr gerne von Vögeln gefressen. Ebenso ist der Faulbaum (*Frangula alnus*) ein wundervoller Strauch im Garten, der vom Frühjahr bis in den Herbst Blüten, unreife und reife Früchte gleichzeitig trägt. Die Bienen schätzen diesen Strauch sehr. Hier kann man unter anderem die Eiablage des Zitronenfalters bis zur Entwicklung der Raupe sehr gut beobachten. Gleichzeitig finden die Vögel eiweißreiche Nahrung für ihre Jungvögel. Im Herbst, wenn die Blätter fallen, ist das Laub ein wertvoller Stoff für im Boden lebende Tiere, und es schützt die Pflanzen in unserem Garten vor Kahlfrösten. Die besten Gehölze für einen Natur-Präriegarten sind heimische Arten. Fantastische Blüten zeigt bereits ab Februar der Haselstrauch mit seinen ca. 10 cm langen männlichen Blüten (*Corylus avellana*), die Kornelkirsche (*Cornus mas*), der Gewöhnliche Seidelbast (*Daphne mezereum*) oder die Sal-Weide (*Salix caprea*) an der fast 40 unterschiedliche Raupen von Schmetterlingsarten fressen. Dann kommen die vielen Obstgehölze dazu, die den Wildbienen und Faltern reichlich Nahrung bieten. Bei Ziergehölzen muss man beachten, dass sie dem Klimawandel trotzen können und eine längere Überlebenschance in dem neuen Garten haben. Auch hier empfehle ich fachliche Beratung durch Baumschulen.
Wenn Sie sich eine Hecke aus heimischen Gehölzen anlegen möchten, dann pflanzen Sie doch Arten, die Schmetterlinge in den Garten locken, wo Falter ihre Eier ablegen und die Raupen die Blätter fressen können.

OBEN *Cornus mas* gehört zu den absoluten Frühblühern im Präriegarten. Die Blüten erscheinen schon Anfang März.

UNTEN *Rhamnus frangula* gehört zur Gattung der Kreuzdorne. Er wächst als kleiner Baum oder hoher Strauch bis zu 6 m hoch.

Gehölze - gut platziert

Gehölze, Sträucher und kleinere Bäume sollten Sie ganz gezielt einsetzen. Machen Sie sich die schönen Formen, das besondere Blattwerk oder die spektakuläre Rinde der Pflanzen zunutze.

Kombinieren ist angesagt

Obwohl Sträucher und Bäume in der Prärie nicht allzu oft anzutreffen sind, sollten sie in unserem Natur-Präriegarten doch nicht fehlen, würden wir doch auf eine sinnvolle Gestaltungsmöglichkeit verzichten. Haben Sie bei der Auswahl nicht nur die Ansprüche im Blick, sondern auch die endgültige Höhe und Breite des Gehölzes. Sträucher für Präriegärten sind z.B. Sommerflieder, Tamariske, Echter Seidelbast, Felsenbirne und Wolliger Schneeball. Als Sichtschutz und aus ökologischen Gesichtspunkten präferiere ich im Natur-Präriegarten eine freiwachsende Hecke, die vom Vorfrühling bis zum Herbst Blüten- und Fruchtschmuck bieten kann.

OBEN Die Magnolie gibt der Pflanzung Struktur. Mit der Zeit wird sie etwas ausladender im Wuchs und bekommt eine lichte, locker verzweigte Krone.

UNTEN LINKS Hainbuchenhecken machen sich gut als Umrandungen und Einfassungen von größeren Beeten. *Carpinus betulus* benötigt einen eher schattigen Standort.

UNTEN RECHTS *Daphne mezereum* ist ein kleiner, aufrechter, wenig verzweigter Strauch mit mattgrünen Blättern. Er erreicht eine Höhe von ca. 1 m. Die Blüten sind rosa, erscheinen schon im März/April und duften intensiv.

RECHTE SEITE Auch ein Apfelbaum passt in den naturnahen Präriegarten. Er schmückt sich mit wunderschönen Blüten und liefert köstliche Früchte.

PLANEN UND ANLEGEN

Ist ein Natur-Präriegarten erst einmal angelegt, werden Sie viel Freude und wenig Arbeit damit haben. Zuvor ist aber eine gute Planung – von der Bestandsaufnahme bis hin zur Pflanzenauswahl – nötig. Unterschätzen Sie diesen Schritt nicht: Je besser die Anlage vorbereitet ist, umso schöner wird sie werden.

Bestandsaufnahme

Den Standort analysieren, Lebensbereiche einteilen und Pflanzen auswählen ist das A und O beim Anlegen eines Natur-Präriegartens.

Um einen Natur-Präriegarten anzulegen, muss man erst einmal genau den Standort analysieren, auf dem der Garten oder das Beet entstehen soll. Genau das beschreiben Richard Hansen (Wissenschaftler an der Lehr- und Forschungsanstalt für Gartenbau in Freising-Weihenstephan) und Friedrich Stahl (Gartenarchitekt aus Nürnberg) in den 1970 er-Jahren in ihrem Buch »Die Stauden und ihre Lebensbereiche«.

Los geht's

Es empfiehlt sich, den Garten in verschiedene Lebensbereiche einzuteilen und dann die entsprechenden Pflanzen auszusuchen. So wachsen die Pflanzen standortgerecht, entwickeln sich besser, leben länger und brauchen weniger Pflege. Sie stehen dort, wo sie sich am Naturstandort über Tausende von Jahren entwickelt haben. Auf diese Weise kann man einen verhältnismäßig pflegereduzierten Garten erschaffen. Angaben zu Lebensbereichen beziehen sich allerdings nicht direkt auf Verhältnisse im Garten und müssen daher in die Gartenpraxis erst übertragen werden. In der gärtnerischen Praxis werden die Lebensbereiche häufig nach den Gegebenheiten und der Verwendung im Garten klassifiziert, anstatt vom Naturstandort der Pflanze auszugehen. So kann man schnell und einfach sehen, wie man die Pflanzen im Garten verwenden kann.

Die sieben Lebensbereiche der Stauden:

› Gehölz (G)
› Gehölzrand (GR)
› Freifläche (Fr)
› Wasserrand (WR)
› Wasser (W)
› Steinanlagen (ST)
› Beet (B)

Diese Lebensbereiche werden dann noch weiter nach Standortverhältnissen wie Licht und Bodenfeuchtigkeit unterteilt.
Wenn ich eine komplett schattige Fläche habe, gedeihen die Sonnenanbeter unter den Stauden dort nicht. Sie werden vor sich hin kümmern und verschwinden. Wenn ich mediterrane Pflanzen wie Blauraute oder Lavendel pflanze, brauchen diese einen trockenen, mageren, durchlässigen und sonnigen Standort. Auf schattigem und nährstoff-

Das Auslegen der Fläche nach einem zuvor erarbeiteten Plan ist ein wichtiger Schritt zu einem perfekten Natur-Präriegarten. Die Pflanzen werden nach ihren Standortbedingungen ausgesucht.

reichem Boden kümmern sie und verschwinden. Pflanzen, die wiederum viele Nährstoffe und Feuchtigkeit benötigen, wachsen nicht auf magerem, nährstoffarmem Boden. Dort bleiben sie hinter ihren Möglichkeiten zurück. Daher ist es immens wichtig, den Standort genau zu analysieren.

Der Boden, auf dem der Garten entsteht, ist ein Hinweis darauf, welche Pflanzen wir benötigen. Sie können das anhand von Zeigerpflanzen erkennen. Der Boden besteht aus unterschiedlichen Anteilen an Sand (körnige Bestandteile), Schluff (feine Bestandteile) und Ton (sehr feine Bestandteile).

CHECKLISTE STANDORT

- Wie sonnig oder schattig ist es am Standort?
- Wandert der Schatten oder bleibt er mehr oder weniger konstant?
- Wie ist der Boden: feucht, nass oder trocken?
- Wie ist der Boden beschaffen: Gibt es einen hohen Sandanteil, ist er eher lehmig oder tonig? Machen Sie die Fingerprobe (siehe Seite 54).
- Ist der Garten durch Hecken geschützt oder ist er sehr starken Winden ausgesetzt?
- Liegt das Beet auf einem Hügel oder in einer Senke, sodass Früh- und Spätfröste sich dort länger halten?
- Wie ist die Fläche im Verlauf des Jahres besonnt oder auch beschattet?

FINGERPROBE

Über die Bodenbeschaffenheit gibt die Fingerprobe Auskunft. Man nimmt einen Teil des feuchten Gartenbodens in die Hand und knetet die Erde. Anschließend versucht man den Boden zwischen den Händen zu einer etwa bleistiftdicken Rolle auszurollen.

1. Lässt sich die Rolle formen, sie glänzt an der Oberfläche und bricht nicht, dann handelt es sich um einen tonigen oder schluffigen Boden. Dieser Boden ist nährstoffreich und kann gut Wasser halten. Mitunter kann es sogar zum Wasserstau kommen.
2. Lässt sich eine Rolle formen, wobei die Oberfläche stumpf und rissig bleibt, ist der Boden lehmig. Er ist nährstoffreich und hat eine gute Wasserhaltefähigkeit.
3. Lässt sich aufgrund der körnigen Struktur keine Rolle formen und der Boden zerfällt, liegt ein Sandboden vor. Der Boden ist eher nährstoffarm und hat eine geringe Wasserhaltefähigkeit.

In dieser Pflanzung dient das Chinaschilf als Gerüststaude. Bunte Stauden wie *Helenium* gruppieren sich drumherum. Im Hintergrund bilden größere Gehölze einen Abschluss.

Ein bisschen Theorie: Die Einteilung der Stauden

Pflanzen, die die Blicke auf sich ziehen und das Beet jahreszeitlich immer wieder anders erscheinen lassen, machen den Reiz des Präriegartens aus. Sie dürfen aus einer Vielzahl an Stauden in unterschiedlichen Blühzeiten und Wuchsformen auswählen, sodass zu jeder Jahreszeit eine wundervolle Blüte im Garten herrscht.
Stauden werden nach ihrer Größe, ihrem Wuchs und ihrer Erscheinung in die nachfolgenden Kategorien eingeteilt. Bei der Neuanlage eines Natur-Präriegartens sollten Sie auch den prozentualen Anteil an der Pflanzengruppe beachten, um eine harmonische Gartensituation zu erhalten.

Gerüst- oder Leitstauden

Gerüststauden bilden das Gerüst der Pflanzung, sie geben Struktur und Form und sind mindestens 70 cm hoch oder höher. Gerüststauden, z.B. Gräser oder hohe Stauden, sind mit 5–10 % in einer Pflanzung vertreten, sie werden einzeln oder in kleinen Gruppen auf großen Flächen gepflanzt und geben im Beet den Ton an. Geeignet ist beispielsweise das Chinaschilf (*Miscanthus*). Gerüststauden gliedern die Fläche und lenken den Blick. Bei großen Flächen ab 100 m² können auch schon einmal Gruppen von drei Gerüststauden oder Gräsern, z.B. Reitgras (*Calamagrostis × acutiflora)* oder Rutenhirse (*Panicum*), gerne auch eine Wildrose wie *Rosa moyesii* 'Geranium', die wunderschöne Hagebutten ausbildet, gepflanzt

Echinacea in Drifts oder linienförmig gepflanzt, sind wunderschöne Begleitstauden. Bei der Planung eines Beetes ist es sehr wichtig, die Höhe und den Blühzeitpunkt zu berücksichtigen

Aster divaricatus ist mit ihrer späten Blüte im August/September eine sehr wertvolle Begleitstaude. Zudem ist die robuste Wild-Aster schatten- und trockenheitsverträglich.

werden. Geeignet sind neben Stauden auch Halbsträucher wie die Blauraute (*Perovskia*). Bei den Präriebepflanzungen wollen wir einen wiesenartigen Charakter erreichen, daher dürfen diese Gerüst- oder Leitstauden gerne auch am Rand vorne stehen und müssen nicht nach hinten ausweichen wie in einem klassischen Staudenbeet.

Begleitstauden

Begleitstauden werden den Gerüststauden zugeordnet und bilden mit 40–70 cm Höhe sozusagen die mittlere Etage der Pflanzung. Sie sollten auf der Bepflanzungsfläche etwa zu 30–40 % vertreten sein. Bilden die Farben eine Art Abfolge im Laufe des Jahres, entsteht eine Dynamik, die alle paar Wochen das Beet neu erscheinen lässt. Da sie niedriger sind, betonen sie die Gerüststauden. Bei dieser Pflanzengruppe müssen Sie genau schauen, welche Stauden wann blühen, um eine spannende Abfolge zu erzeugen. Entscheidend sind der Blühzeitpunkt, die Farbe und die Höhe. Gepflanzt werden die Begleitstauden gerne in kleineren Gruppen oder auch als Linien oder Bänder (Drifts). So ziehen sie sich durch ein Beet und schaffen fließende Übergänge. Die Weiße Waldaster (*Aster divaricatus*), Scheinsonnenhut (*Echinacea*) oder auch Gräser wie das Mexikanische Federgras (*Stipa tenuissima*) sind empfehlenswerte Begleitstauden.

Bodendecker

Um den Boden zwischen den hohen und halbhohen Arten zu bedecken, werden Bodendecker – vor allem

Stauden - eingesetzt, also flachwachsende Arten von 5–50 cm Höhe, die zu bis zu 50 % auf der Fläche vertreten sein können. Durch die Bodendecker wird der wiesenartige Charakter der Pflanzung verstärkt. Wird die Anzahl der Begleitstauden erhöht, müssen sich die Bodendeckerstauden dementsprechend verringern. Gräser, wie das Japanische Waldgras oder Japangras (*Hakonechloa macra*), können flächig gepflanzt werden und übernehmen die Aufgabe der Bodendecker. Aber auch Katzenminze (*Nepeta × faassenii* 'Superba') oder Heide-Nelke (*Dianthus deltoides*) sind geeignet.

Aspektstauden

Pflanzen, die durch ihre Farbe oder Form den Gesamteindruck des Gartens zu einer bestimmten Jahreszeit prägen, werden als Aspektpflanzen bezeichnet. Es handelt sich dabei um schnellwüchsige, aber relativ kurzlebige Arten, die vor allem für die ersten Jahre sehr wichtig sind. Ihr Anteil an der Gesamtpflanzung sollte nicht mehr als 5–10 % ausmachen. Sie werden später von den langlebigen Stauden verdrängt und füllen gegebenenfalls die Lücken, da sie aus ihren Samen keimen. Ich verwende gerne heimische Skabiosen wie Gelbe Wiesenskabiose (*Scabiosa ochroleuca*) oder Tauben-Skabiose (*Scabiosa columbaria*). Aspektbildner bringen im Frühjahr Farbe und Volumen in den Garten und machen den Natur-Präriegarten ab dem späten Winter interessant. Vor allem Geophyten sind hier ein wichtiger Bestandteil. Ich bevorzuge Wildarten sowohl bei Krokussen als auch bei Tulpen, die sehr gut verwildern.

Matrixpflanzen

Matrixpflanzen sind Arten, die einer Fläche aufgrund ihrer strukturstarken Eigenschaften nahezu ganzjährig einen prägenden Halt geben. In Steppen sind dies v.a. Gräser mit winterzierenden Samenständen. In einer Gräser-Matrix könnte beispielsweise das Mexikanische Fiedergras (*Nasella tenuissima*) die Matrixpflanze sein.

VON LINKS OBEN IM UHRZEIGERSINN Als etwas höherer Bodendecker spielt in dieser Pflanzung *Nepeta × faassenii* 'Superba' die Hauptrolle. Die breit polsterartig wachsende Pflanze ist wüchsig und standfest. I Heimische Skabiosen sind wunderschöne Aspektbildner, die vor allem im Frühjahr, wenn eine Natur-Präriepflanzung noch etwas Zeit braucht, für Farbtupfer sorgen. I *Nasella tenuissima* ist als Matrixpflanze bestens geeignet. Das Gras ist beinahe ganzjährig ein Blickfang mit seinem haarfeinen Laub, das sich sacht im Wind wiegt. I *Dianthus deltoides* wird höchstens 40 cm hoch und kann sich schön ausbreiten.

Trockene Standorte

Trockene Standorte gibt es häufig an der Südseite von Gebäuden oder an Südhängen ohne Gehölzbewuchs, ebenso unter hohen Bäumen.

Trockene Gartenbereiche können ganz unterschiedlich gestaltet werden. Bei schrägen Bereichen kann man das vorgegebene Profil beibehalten, oder aber terrassieren. Hier können dann Sitzplätze eingebaut werden. Aber auch eine Terrasse zum Sonnen und Spielen lässt sich sehr gut verwirklichen. Ist so ein Hang extrem steil, kann er mit Moränensteinen oder anderem Material abgefangen werden. Günstig ist hierbei, möglichst Material aus der Umgebung zu verwenden, um lange Transportwege zu vermeiden.

Standortbedingungen

Ist der Sandanteil auf einem trockenen Standort hoch, hat das zur Folge, dass Wasser schnell abläuft. Der Boden erwärmt sich im Frühjahr bald und meistens lässt er sich leicht bearbeiten. Beim Zerreiben zwischen den Fingern fühlt er sich rau und körnig an. Regen und Gießwasser versickern rasch und so wachsen hier trockenheitsverträgliche Pflanzen am besten.

Das kann ein Hanggrundstück in Südwest-Lage sein, auf das die Sonne im Sommer brennt. Selbst bei Regen trocknet diese Fläche sehr schnell ab, da der Niederschlag durch die Hanglage rasch abfließt. Meistens ist der Boden sandig oder schottrig, er kann aber auch lehmig sein und so hart werden, dass er kaum noch zu bearbeiten ist. Es kann sich aber genauso gut um eine ebene Fläche in voller Sonne handeln, entweder in einer regenarmen Gegend oder mit einem recht durchlässigen, sandigen oder schottrigen Boden in einer warmen Region. Durch den Klimawandel trifft das plötzlich auf sehr viele Gartenflächen zu.

Dieser sandige Boden kann aufgearbeitet werden, indem man ihn mit Kompost und Gesteinsmehl versieht. So kann er das Wasser ein wenig besser halten.

Zeigerpflanzen

Trockene Standorte können durch sogenannte Zeigerpflanzen gut erkannt werden. Auch auf Wegen und Terrassen, die mit viel Sand als Unterbau hergestellt werden und stark verdichtet sind, siedeln sich Zeigerpflanzen an. Selbst wenn schon längere Zeit die Pflasterung besteht, findet man Löwenzahn dort, da sich durch den ständigen Staubeintrag eine Humusschicht zwischen den

Der Boden muss an einem vollsonnigen Standort nicht zwangsläufig sandig sein.
Bei der Pflanzenauswahl für sonnige Plätze muss die Bodenbeschaffenheit mit berücksichtigt werden.

Fugen gebildet hat. Genau der richtige Boden zum Keimen von Löwenzahn, der einen stark verdichteten Boden anzeigt.

Für trockene Böden gibt es eine ganze Handvoll Zeigerpflanzen, die neben dem Feuchtigkeitsgrad zugleich auch noch Auskunft über den Nährstoffgehalt und die Lichtverhältnisse des Standorts geben können. Diese Eigenschaften können wir uns bei der späteren Pflanzenauswahl zunutze machen. Wollen Sie also nicht den Boden verbessern, sondern alles so lassen, wie es ist, dann können Ihnen die Pflanzen Auskunft geben, ob das überhaupt möglich ist in Ihrem Garten. Färberkamille (*Anthemis tinctoria*) und Hasenklee (*Trifolium arvensis*) zeigen an, dass der Boden einen geringen Feuchtigkeitsgrad hat und wenig Stickstoff enthält. Einige andere Zeigerpflanzen, wie Mittlerer Wegerich (*Plantago media*) und der Kleine Wiesenknopf (*Sanguisorba minor*) bevorzugen einen alkalischen Boden (ph-Wert über 7,5). Hier fühlen sich z.B. Lavendel (*Lavandula*) und Salbei (*Salvia*) wohl.

Die Passenden

Ist der Sandanteil hoch, werden Stauden mit einem hohen Nährstoffgehalt hier nicht wachsen. Es wäre der richtige Boden für eine Steppenbepflanzung oder einen Stein- oder Kiesgarten und dafür gibt es eine große Auswahl an Stauden sowohl heimisch als auch Präriepflanzen, wie z.B. Bleicher Scheinsonnenhut (*Echinacea pallida*) und Nadelblättrige Bergminze (*Pyncanthemum tenufolium*) oder auch die Rundblättrige Glockenblume (*Campanula rotundifolia*).

Inspiration für trockene Beete

Mit den passenden Pflanzen, die gekonnt kombiniert werden, kann ein Natur-Präriegartenbeet auch in Trockenphasen beeindrucken.

Wahrscheinlich werden uns die trockenheitstoleranten Pflanzen in den Zeiten des Klimawandels immer mehr beschäftigen und in ihren Bann ziehen. Sie sind beinahe Überlebenskünstler, wenn es darum geht, eine Zeit lang ohne Wasser und bei hohen Temperaturen zu bestehen und dabei auch noch schön auszusehen.

LINKE SEITE In einen Natur-Präriegarten lässt sich eine Sitzecke gut integrieren.

LINKE SEITE UNTEN LINKS Der Weg zum Haus führt durch eine Präriegarten-pflanzung.

LINKE SEITE UNTEN RECHTS *Silene dioica* ist zwei- oder mehrjährig und wird von Bienen, Hummeln, Schmetterlingen und Schwebfliegen bestäubt.

RECHTE SEITE UNTEN LINKS *Thymus pulegioides* und *Sedum acre* sind Trockenheitskünstler.

RECHTE SEITE UNTEN RECHTS *Geranium* bildet eine schöne Umrandung für die größeren Gräser.

Ein Natur-Präriegarten auf sandigem Boden – Planung und Umsetzung

Jede neue Gartenanlage ist ebenso eine Herausforderung wie eine Leidenschaft. Auf sandigen Standorten ist eine sehr sorgfältige Planung wichtig.

Ich habe mittlerweile schon sehr viele Gärten angelegt, dieses Grundstück mit einem sandigen Boden war aber eine besondere Herausforderung. Der Garten liegt mitten auf dem Geestrücken in Schleswig-Holstein. Hier war durch die Saale-Eiszeit vor weit mehr als 200.000 Jahren die Geest entstanden. Sie ist der mittlere Teil von Schleswig-Holstein. Mächtige Gletscher, bis zu 2.000 m stark, schoben eine gewaltige Moräne aus Bodensubstrat, die aus fruchtbarem Geschiebemergel bestand, aus dem skandinavischen Raum über die heutige Ostsee heran. Das Grundstück liegt in einer Höhe von 14 m über N.N. Es ist die höchste Erhebung im Ort und fällt zu allen Seiten ab. Unter dem feinen, etwas sauren Boden kommt eine Schicht

LINKE SEITE Es bedarf einer guten Planung und Vorbereitung, dann kann der Garten später in vollen Zügen genossen werden.

LINKS Wie ein Fluss schlängeln sich die Steine durch die Pflanzung und geben dem Beet eine besondere Struktur.

UNTEN LINKS Der Steinlauf wird schon bei der Anlage der Pflanzung mithilfe eines langen Seils vorgezeichnet.

UNTEN RECHTS Frisch gepflanzt sind noch Lücken im Beet, die der endgültigen Ausbreitung der Pflanzen gerecht werden.

von ca. 5 m Kies, danach ist das Grundwasser erreicht. Bei Regen steht das Wasser kurz auf der Oberfläche, ist aber schnell wieder versickert.

Die Besitzer

Die Grundstücksbesitzer waren von jeher Liebhaber der Nordamerikanischen Prärie. Aufenthalte in den USA mit langen Wanderungen in den Llanno Estacado, dem Colorado Plateau mit *Penstemon* am Naturstandort und Wyoming mit den 'Sagebrushes', dem Wüsten-Beifuß (*Artemisia tridentata*). Was sie besonders faszinierte, waren die Farben. Daher entschieden wir uns bei der Planung für die typischen Indian-Summer-Farben: Weiß, Gelb, Orange, Rot und mit einem eingestreuten kräftigen Blau.

Die Vorbereitung

Die Fläche wurde von den beiden Präriefans nach meiner schriftlichen Anleitung selbst vorbereitet, der Boden dabei aber weder gedüngt noch in irgendeiner Form aufgearbeitet, jedoch sehr gut durchgearbeitet. Die spärlich wachsenden Grassoden trugen die beiden ab, anschließend wurde aus Granitpflaster, 9 × 11 cm, die Begrenzung für das Beet gelegt, ohne dabei die Steine in Beton zu legen.
Um den »Fluss« im Beet zu imitieren, der die Form eines Moränensteinflusses haben sollte, kam ein Gartenschlauch zum Einsatz. Die Seiten links und rechts daneben wurden ein wenig erhöht. Nachdem die Kieselschicht (2/8 mm) in einer Höhe von 7–10 cm aufgebracht worden war, platzierten sie die unzähligen Moränensteine in unterschiedlichen Größen. Einige Findlinge wurden direkt in die Pflanzfläche gelegt.

Die Ausführung

Nun konnte ich mit dem Auslegen der Stauden beginnen. Zuerst kamen die Gerüststauden an die Reihe. Indigolupine, Blauraute und die Weinblättrige Sonnenblume platzierte ich einzeln als Blickfang über die Fläche. Die Kattun-Aster und das Tautropfengras legte ich in kleinen Gruppen von drei Stauden aus.
Danach platzierte ich das Mexikanische Federgras links und rechts des »Stein-Flusses« und auch die Prachtscharte und die gelben Scheinsonnenhüte gesellten sich dazu. Alle anderen Begleitstauden setzte ich nach Farben und Blühzeiten. So wird im Jahreslauf beinahe immer etwas blühen und das Beet ca. alle sechs Wochen in einem neuen Farbenspiel andere Aspekte der Pflanzung zur Schau stellen. Eine sehr schöne Kombination ergeben übrigens Bartfaden 'Husters Red' und die Kattun-Aster. Beide haben dunkles Laub und Stängel und korrespondieren so miteinander. Das ist für mich ein wundervoller Hingucker im Beet.
Die Bodendeckerstauden setzte ich in die Lücken und erreichte dadurch, dass der Boden bereits im zweiten Jahr bedeckt war. Als heimische Staude plante ich die Küchenschelle (*Pulsatilla vulgaris*) ein, die bei uns nur noch sehr selten am Naturstandort zu finden ist. Als Aspektstauden kamen u.a. der längliche Präriesonnenhut und die Kokardenblume zum Einsatz.

Das Ergebnis

Nach zwei Jahren sah die Pflanzung fantastisch aus. Die Farben, die sich die Gartenbesitzer gewünscht hatten, kamen wundervoll zur Geltung. Ich kontrollierte die Flächen nach drei und fünf Jahren. Nach acht Jahren hatten sich allerdings beide Mädchenaugen »verabschiedet«, obwohl einmal jährlich eine moderate Düngung mit Hornmehl im Frühjahr gemacht wurde. Diese Problematik macht sehr schön deutlich, dass nicht alle Arten am Standort bleiben, sondern meist nur die, die sich wohlfühlen. Trotz dieses »Schwunds« ist auch nach acht Jahren die Pflanzung nach wie vor wundervoll. Seidenpflanze, Indigolupine, Hochlandaster, Tautropfengras, Rudbeckien, Goldruten und all die anderen Stauden haben diese Fläche erobert. Selbst *Penstemon* ist standhaft geblieben, obwohl er sich anfangs nicht so richtig entwickeln wollte.

Das Fazit

Gerade bei einer sandigen Fläche ist es nützlich, genau hinzuschauen, ob sich alles wie gedacht entwickelt. Daher ist es auch immens wichtig, als Planerin die Gartenbesitzer noch eine Zeitlang nach der Anpflanzung zu begleiten und zu schulen.

OBEN Eine bunte Blütenpracht dominiert die Pflanzung auch noch nach vielen Jahren, ohne dass ein größerer Pflegeaufwand anfällt.

UNTEN LINKS Auch im Winter ist der Natur-Präriegarten ansehnlich, wenn der Raureif die Gräser und Blütenstände in silbrige Kunstwerke verwandelt.

UNTEN RECHTS Während *Penstemon* standhaft geblieben ist und sich später noch üppiger entwickelt hat, konnte *Coreopsis* sich dauerhaft leider nicht etablieren. So können sich Pflanzungen auch immer wieder verändern.

Trockenheitstolerante Stauden für den Natur-Präriegarten

In Zeiten des Klimawandels werden gerade die trockenheitsliebenden Stauden immer wichtiger für unsere Gärten werden.

Vor allem die trockenheitsverträglichen, sonnenliebenden Stauden sind es ja, die einen klassischen Präriegarten ausmachen. Anhand bestimmter Merkmale lassen sich die Pflanzen leicht erkennen. Manche von ihnen wie der Wollziest (*Stachys byzantina*) haben einen leichten Flaum auf den Blättern, der vor Austrocknung schützt, andere, wie das Eisenkraut (*Verbena bonariensis*) tragen recht kleine Blätter, um so die Verdunstung zu reduzieren. Blätter mit silbriger oder grauer Farbe reflektieren das Sonnenlicht, sodass sich die Pflanzen weniger stark aufheizen.

Asclepias tuberosa subsp. *interior*

Knollige Seidenpflanze

STANDORT: Benötigt einen durchlässigen, kalkarmen und trockenen Boden in sonniger Lage
HÖHE: 60 cm
BLÜTE: IV–VIII, orange Sternblüten, Asclepiadaceae
BESONDERHEITEN: Eindrucksvolle Samenstände, .mag nicht von anderen Pflanzen bedrängt werden. Begleiter im Beet sind *Gaillardia × grandiflora* 'Tokajer', Mädchenauge 'Moonbeam' oder auch das Mexikanische Federgras. Cool-Season-Pflanze. Begleitstaude.

Amsonia hubrichtii

Blausternbusch

STANDORT: Sonnig, Boden trocken bis frisch, durchlässig und mineralisch
HÖHE: 50–70 cm
BLÜTE: V–VII, doldenförmige Sternblüten in Hellblau, in Büscheln angeordnet, Apocynaceae
BESONDERHEITEN: Das nadelblättrige, grüne Laub hat einen dekorativen Glanz und verfärbt sich im Herbst in Gelb und Orange bis Rot. Der Blausternbusch entwickelt sich langsam, aber es lohnt sich Geduld aufzubringen. Wunderschön mit anderen Präriestauden, die den Indian Summer unterstreichen, z.B. Sonnenbraut (*Helenium hoopesii*) oder Rutenhirse (*Panicum virgatum*) 'Hänse Herms'. Sie nehmen die Herbstfärbung des Blausternbuschs auf und unterstreichen die Schönheit noch.

Artemisia ludoviciana

Weißer Beifuß, Prärie-Beifuß, Silberraute

STANDORT: Guter Wuchs auf frischen, nährstoffarmen und trockenen Böden in sonniger Lage

VON LINKS OBEN IM UHRZEIGERSINN *Asclepias tuberosa* subsp. *interior* ist mit ihren orangegelben Doldenblüten sehr dekorativ und lockt auch durch ihren Duft zahlreiche Hummeln, Bienen und Schmetterlinge an. **I** Am besten zur Geltung kommt die *Artemisia ludoviciana*, wenn 8–10 Pflanzen auf einem Quadratmeter gepflanzt werden. **I** Was *Amsonia hubrichtii* so attraktiv macht, sind nicht nur die Blüten, sondern auch die auffällig gelbe Herbstfärbung der nadelartigen Laubblätter. Es braucht aber ein paar Jahre, bis sich die Staude voll entwickelt hat.

VON LINKS NACH RECHTS *Echinacea pallida* ist besonders gut für naturnahe Präriepflanzungen geeignet und zieht beinahe magisch Schmetterlinge an. **I** Man kann *Aster amellus* durchaus als spätsommerlichen Blütentraum bezeichnen. Aber auch das sommerliche tiefgrüne Laub ist attraktiv. **I** Von *Gaillardia × grandiflora* gibt es verschiedene Sorten in Gelb, Gelbrot und Rost, einfarbig oder mit andersfarbigem Rand.

WUCHS: 80–100 cm, der Wuchs wirkt etwas unordentlich durch Ausläuferbildung
BLÜTE: VI–VII, gelbe, sehr kleine und unauffällige Blüten, Asteraceae
BESONDERHEITEN: Die Blätter sind weißfilzig behaart und schimmern silbergrau. Wunderschön als Weichzeichner in Wildstaudenflächen. Gut kombinierbar mit rosa und blauen Farben wie z.B. Rosen oder höheren *Nepeta*-Sorten. Cool-Season-Pflanze. Begleitstaude.

Aster amellus

Berg-Aster

STANDORT: Sonnig und warm, kalkhaltig, wenig nährstoffreich und durchlässig, mäßig trocken bis trocken
HÖHE: 30–60 cm
BLÜTE: VIII–X, von weiß über rosa bis blauviolette Zungenblüten und gelbe Scheibenblüten, Insektenmagnet, Asteraceae

BESONDERHEITEN: Die Blätter sind tiefgrün, breit lanzettlich, ganzrandig und mitunter leicht gezähnt. Der buschige Wuchs überzeugt im Staudenbeet. Wundervoll im Herbstgarten mit dem Silber-Ährengras (*Stipa calamagrostis*) 'Allgäu'.

Echinacea pallida
Bleicher Sonnenhut

STANDORT: Sonnig, durchlässig, keine Staunässe
HÖHE: 80 cm
BLÜTE: VII-IX, Blüte weißrosa bis hellrosa mit magentafarbenen, schmalen, hängenden Blütenblättern, Asteraceae
BESONDERHEITEN: Insektenmagnet, Samen werden von Vögeln gefressen. Größere Gruppen im Präriebeet wirken bezaubernd. Pflanzenpartner wie Mexikanisches Federgras und Ährige Prachtscharte unterstreichen die Wirkung. Begleitstaude.

Gaillardia × grandiflora
Großblumige Kokardenblume

STANDORT: Benötigt einen vollsonnigen Standort, bevorzugt Sandböden und ist auf anderen Böden kurzlebig
HÖHE: 25–75 cm
BLÜTEZEIT: VI–X. Mehrfarbig, von gelb über orange bis burgunderrote Blütenblätter, Asteraceae
BESONDERHEITEN: Wundervolle Sorten, z.B. die einfarbige Sorte 'Burgunder' in Weinrot, 'Dazzler' ist eine zweifarbige Sorte, gelb mit rotem Rand, die bis 75 cm hoch wird. Die Großblumige Kokardenblume kann sehr gut als Lückenfüller einer Neuanlage auf sandigem Boden eingesetzt werden. Wundervoller Begleiter ist die heimische Wildstaude *Scabiosa ochroleuca*. Aspektstaude, Cool-Season-Pflanze.

Helianthus decapetalus
Stauden-Sonnenblume

STANDORT: Wächst gut an sonnigem Standort auf frischem bis trockenem Boden
HÖHE: 100–200 cm
BLÜTE: VIII–X, Blüte von hellgelb bis orangegelb, nicht sehr groß, wachsig und langlebig, die späte Blüte ist eine Nektar-Tankstelle für viele Insekten, Asteraceae
BESONDERHEITEN: Es gibt eine Menge unterschiedlicher Sorten. Für große Gärten ist die Sorte 'Lemon Queen' zu empfehlen. Sie ist, wie alle Stauden-Sonnenblumen, sehr wüchsig. Sehr imposant ist die Weidenblättrige Sonnenblume (*Helianthus salicifolius*), die mit ihrem ornamentalen Wuchs beeindruckt. Sie kommt nur in sehr langen Sommern zur Blüte. Pflanzenpartner können Weißer Wasserdost oder auch Bronze-Fenchel sein. Gerüststaude.

Iris barbata-elatior
Hohe Bart-Iris

STANDORT: Braucht einen sonnigen Platz auf trockenem und gut durchlässigem Boden
HÖHE: 80-120 cm
BLÜTE: V-VI, jeweils drei in allen Farben des Regenbogens leuchtende Dom- und Hängeblätter, Iridaceae
BESONDERHEITEN: Die Blätter sind saftig grün, schwertförmig, glatt und ganzrandig. Nach der Blüte nicht abschneiden, sondern stehen lassen. Es wird sehr flach gepflanzt, sodass das Rhizom zu einem Drittel aus dem Boden herausragt. Alle paar Jahre empfiehlt es sich, die Rhizome zu teilen. Dann entwickelt sich keine Blühfaulheit.

Monarda fistulosa
Wilde Bergamotte, Wilde Indianernessel, Wilde Monarde

STANDORT: Benötigt einen trockenen bis frischen Boden in voller Sonne
HÖHE: 50–120 cm
BLÜTE: VII-IX, scheinquirlige Blütenstände, fliederfarben bis helllila, mit vielen Blüten und einigen Hochblättern, Stängel und Blüten sind gleichermaßen Insektenmagnete. Lamiaceae
BESONDERHEITEN: Die vierkantigen Stängel sind behaart bis kahl. Die Pflanze bildet Ausläufer und wandert durch das Beet. Sehr schön bei Pflanzungen mit Wildstaudencharakter. Es gibt viele neue Sorten. Empfehlen kann ich *Monarda fistulosa* var. *menthifolia* 'Pummel' mit einer Höhe von 40–50 cm, blüht bereits im Juni. Wunderschön in einer Kombination mit Blaustrahlhafer und Weißem Sonnenhut. Heilpflanze.

Phlomis russeliana
Brandkraut

STANDORT: Benötigt einen sonnigen Standort und trockenen oder sandig-lehmigen, gut durchlässigen Boden
HÖHE: 60-100 cm
BLÜTE: VI-VII, gelbe Blüten in Scheinquirlen in Etagen angelegt, Insektenmagnet, Lamiaceae
BESONDERHEITEN: Das grüne Laub ist wintergrün, die Blattränder ganzrandig oder gekerbt-gezähnt, Laub und Stängel sind pelzig behaart. Eine andere sehr zu empfehlende Art ist das Knollen-Brandkraut (*Phlomis tuberosa*), 80-120 cm und *P. tuberosa* 'Amazone', 60-80 cm. Art und Sorte haben rosa-lilafarbene Blüten.

Platycodon grandiflorus
Ballonblume

STANDORT: Bevorzugt einen sonnigen bis halbschattigen Platz und nährstoffreichen, durchlässigen Boden
HÖHE: 50-70 cm
BLÜTE: VII-VIII, blaue, rosafarbene und weiße sternförmige Glockenblüten, in lockeren Trauben angeordnet, vor dem Erblühen gleichen sie einem aufgeblasenen Ballon, Campanulacea

VON LINKS OBEN IM UHRZEIGERSINN Die kräftigen gelben Blüten von *Helianthus decapetalus* tauchen im Spätsommer den Garten in ein gelbes Blütenmeer, das vom Summen und Brummen der Insekten, die sich an den Blüten laben, erfüllt ist. **I** *Phlomis russeliana* trotzt heißen trockenen Sommern. Die dekorativen Blütenstände sehen auch vertrocknet noch gut aus. Vorsicht: Die Staude breitet sich gerne aus. **I** Die Blüten sind spektakulär, egal ob ein-, zwei- oder mehrfarbig. *Iris barbata-elatior* ist ein Blickfang im Garten. **I** Duftendes Laub und fliederfarbene Blüten sind die Merkmale von *Monarda fistulosa*.

OBEN *Platycodon grandiflorus* sind eher selten im Garten, mit ihren hübschen Blüten aber echte Hingucker.

MITTE *Pycnanthemum pilosum* ist mit dem *Origanum* verwandt, hat einen starken Minzeduft und blüht spät.

UNTEN *Pycnanthemum flexuosum* ist äußerst hitzebeständig,

BESONDERHEITEN: Das Laub ist blaugrün und mit einer dünnen weißlichen Schicht überzogen. Die Ballonblume hat eine verdickte Pfahlwurzel und ist gut winterhart. Bei zu großer anhaltender Hitze empfehle ich gelegentliches Wässern. In China wächst die Pflanze auf Trockenrasen und Waldlichtungen. Das Entfernen der abgeblühten Blüten fördert die Nachblüte. Geeignet für Steppenbepflanzungen. In kühleren Gegenden empfiehlt sich ein Winterschutz.

Pycnanthemum pilosum

Amerikanische Bergminze

STANDORT: Wächst gut auf sonnigen bis halbschattigen Standorten, auf normalem bis trockenem Boden
HÖHE: 50–70 cm
BLÜTE: VII–IX, zartlilafarbene Lippenblüten in kleinen Büscheln, Bienenweide, Lamiaceae
BESONDERHEITEN: Graugrüne, haarige, lanzettartige Blätter an haarigen Stängeln, das Laub duftet nach Minze. Heilpflanze.

Pycnanthemum flexuosum

Langblättrige Scheinbergminze

STANDORT: Bevorzugt einen normalen bis trockenen Standort
HÖHE: 50–60 cm
BLÜTE: VI–IX, blüht in Rispen, Lamiaceae
BESONDERHEITEN: Nadelartige Blätter. Attraktive Fruchtstände. Wundervoll in Begleitung der heimischen Rundblättrigen Glockenblume, die sich in der Pflanze nach oben windet.

Um sich opulent entfalten zu können, braucht *Salvia yangii* einen trockenen Standort.

Mit den wunderschönen roten Blüten macht *Silene chalcedonica* ihrem Namen alle Ehre.

Salvia yangii (syn. *Perovskia atriplicifolia*)

Fiederschnittige Blauraute

STANDORT: Benötigt einen warmen, vollsonnigen Platz und einen trockenen, nicht zu nährstoffhaltigen, leichten, gut durchlässigen und kalkhaltigen Boden, verträgt keine Staunässe und keine Winternässe
HÖHE: 100–150 cm
BLÜTE: VII–X, rispenartige blauviolette Blüten in Scheinquirlen, Insektenmagnet, Lamiaceae
BESONDERHEITEN: Die Blauraute zählt zu den Halbsträuchern und verholzt nur an der Basis. Der Zierstrauch benötigt wenig Pflege, unverzichtbar ist allerdings der vollständige Rückschnitt der alten Triebe im Frühjahr. Wird im Herbst zurückgeschnitten, schränkt das die Winterhärte ein.

Silene chalcedonica

Brennende Liebe

STANDORT: Der Standort sollte vollsonnig und luftig sein, der Boden humos, leicht und durchlässig
HÖHE: 50–100 cm
BLÜTE: VI–VII, kreuzförmige, orangerote Sternblüten in Dolden angeordnet, Caryophyllaceae
BESONDERHEITEN: Die grünen, leicht behaarten Laubblätter sind ganzrandig eiförmig bis lanzettlich geformt. Die Brennende Liebe vermehrt sich durch Selbstaussaat und unterirdische Rhizome. Sie passt wundervoll im Natur-Präriegarten zu anderen Sommerstauden wie Ochsenauge (*Buphthalmum salicifolium*) oder unterpflanzt mit Steppen-Salbei (*Salvia nemorosa*) 'Schneehügel'.

Präriegarten mit Aussicht

Ein pflegeleichter Präriegarten auf 450 m² Fläche

Die Gartenbesitzer hatten den Wunsch, ihren Garten umzuwandeln, um den Ruhestand mit einem blütenreichen und pflegereduzierten Garten zu genießen. Nach der Überplanung der gesamten Gartenfläche begannen wir mit den Umgestaltungsarbeiten. Der Grundwasserspiegel war in diesem Teil des Ortes sehr hoch, bereits beim Verlegen von neuen Abwasserleitungen konnten wir das sehen. Durch einige Rodungen und den Rückschnitt von Gehölzen öffnete ich den Blick aus dem Grundstück auf eine Wiese. Drei Beete entstanden. Das Beet im Westen sollte nicht zu hoch gestaltet sein, damit man von einer zusätzlichen Terrasse, die nur mit 16/32 Kiesel bedeckt war, über die Pflanzung zum Haus schauen konnte. Als Farbe dominierten blaue und gelbe Töne. Als Gräser für alle Wege beidseitig setzte ich Lampenputzergras *Pennisetum* 'Hameln' und als Matrixgras Tautropfengras (*Sporobolus heterolepis*) ein. Den Herbst läuten in

RECHTS Hochsommer mit Lilien, *Liatris* und *Echinacea*
OBEN Im Spätsommer zeigt sich der Garten mit völlig anderen Aspekten.

diesem Beet die Aster *Aster laevis* 'Calliope' ein, die durch ihren lockeren Wuchs den Durchblick zum Haus nicht versperrt.
Das mittlere Beet plante ich in den Farben weiß, rosa, pink, lila und blau mit einigen kleinen Akzenten in gelb.Die hohen Stauden wie Kandelaber-Ehrenpreis *Veronicastrum virginicum*, *Echinacea pallida*, *Monarda menthifolia*, *Baptistia australis* und *Phlox amplifolia* haben eine sehr lange Blütezeit, sodass das Beet immer wieder anders aussieht. Gräser sind *Calamagrostis × acutiflora* 'Karl Foerster', *Panicum virgatum* 'Hänse Herms', dazu in den anderen Beeten *Miscanthus* 'Morninglight', *Miscanthus* 'Kleine Silberspinne', *Stipa calamagrostis* 'Allgäu' und *Calamagrostis brachytricha*. Letzteres versamte sich nach einiger Zeit so stark, dass wir es wieder entfernten.
Der Garten hat sich zu einer Oase für Insekten und Vögel entwickelt, die den Besitzern genauso viel Freude bereiten wie der fantastische Blick in die Landschaft.

Frühsommer mit *Anemone sylvestris* und *Camassia*.

Wildstauden für den Natur-Präriegarten

Heimische Wildstauden fügen sich besonders gut in Präriepflanzungen ein.

Es spricht viel dafür, in die Präriebepflanzung Wildstauden mit hineinzunehmen. Zum einen kommen sie natürlich bei uns vor und sind züchterisch kaum oder gar nicht verändert worden. Sie sind also gut an unsere Umweltbedingungen angepasst und kommen oft viel besser im Garten zurecht als manche Gartenstaude, die von weit her zu uns gekommen ist. Viele Wildstauden säen sich im Garten aus, u.a. Akelei, Wilde Malven, Fingerhut und Königskerzen. Sie füllen oft Lücken im Beet und tauchen ganz unvermutet auf. Das ergibt immer wieder sehr hübsche Gartenszenen. Die Ausbreitung sollte man zwar ein wenig im Auge behalten, damit sie nicht überhand nimmt, seien Sie aber dennoch tolerant gegenüber den heimischen Schönheiten. Sie sind sehr insektenfreundlich.

Wenn Sie in Ihrem Garten Wildstauden pflanzen, können Sie sicher sein, dass sich schnell die Fauna verändert, denn Wildbienen, Schmetterlinge & Co. sind auf ganz bestimmte heimische Pflanzen angewiesen. Vögel werden wiederum von Insekten angelockt, die sie als Nahrung für ihre Nachkommen benötigen. Wildbienen und Schmetterlinge laben sich am Nektar der Pflanzen, Vögel fressen später im Jahr die Samen. Die hier vorgestellten Pflanzen sind nur ein kleiner Teil der Wildstauden, die zur Auswahl stehen.

Daucus carota subsp. *carota*

Wilde Möhre

STANDORT: Bevorzugt trockenwarme Standorte auf normalem Gartenboden
HÖHE: 20–120cm
BLÜTE: V–IX, vielstrahliger doppeldoldiger Blütenstand, im voll aufgeblühten Zustand flach gewölbt, beim Aufblühen und zur Fruchtreife sind dagegen die Doldenstrahlen vogelnestartig zusammengeneigt, Bestäuber sind Insekten aller Art, besonders Käfer und Fliegen, die Blüten sind eine Hauptpollenquelle für Sandbienen, Apiaceae
BESONDERHEITEN: Die Wilde Möhre ist kurzlebig bzw. zweijährig, verbreitet sich aber durch Selbstaussaat. Sie ist ein Tiefwurzler (bis 80 cm tief wurzelnd) und kommt deshalb auch sehr gut mit längeren Trockenperioden zurecht.

Leonurus cardiaca

Echtes Herzgespann

STANDORT: Bevorzugt Sonne bis Halbschatten, wächst gut auf lehmig-sandigen, neutralen, durchlässigen Böden

HÖHE: 30–100 cm
BLÜTE: V–IX, hellpurpur, die Lippenblüten stehen in Quirlen um die Stängel, Nektarpflanze, Lamiaceae
BESONDERHEITEN: Die handförmigen Blätter sind tief eingeschnitten. Sie stehen gestielt und gegenständig in Etagen vom Stängel ab. Der leicht behaarte Pflanzenstängel ist vierkantig und wächst stark aufrecht. Bei dieser pflegeleichten Pflanze empfiehlt sich im Spätherbst ein Rückschnitt der starken Stängel. So kann das Echte Herzgespann im folgenden Jahr wieder gesund und kraftvoll austreiben.

Linum perenne

Ausdauernder Lein, Prärie-Lein

STANDORT: Benötigt einen sonnigen Standort und einen trockenen Boden
HÖHE: 20–50 cm
BLÜTE: VI–VII, Kronblätter der Röhrenblüte sind zart himmelblau, fünfzählig, Linaceae
BESONDERHEITEN: Gerade in einer Pflanzung im Anfangsstadium kann man den Prärie-Lein gleichwertig für Kurz- und Mischgras-Präriepflanzungen verwenden. Die heimische Wildstaude ergibt mit anderen Wildstauden wie der Skabiose und Weißen Lichtnelke ein schönes Gesamtbild. Aspektstaude.

OBEN Im Sommer zählt *Daucus carota* subsp. *carota* zu den auffälligsten Blüten am Wegesrand. Sie passt auch gut in den Präriegarten.

MITTE *Leonurus cardiaca* ist genügsam und kommt an sonnigen und halbschattigen Plätzen zurecht.

UNTEN Mit *Linum perenne* können besondere Akzente in sonnigen Beeten gesetzt werden.

Die frühe Blüte macht *Leucanthemum vulgare* besonders auch für Präriepflanzungen interessant.

Silene viscaria fühlt sich sowohl im Beet als auch am Gehölzrand wohl. Unglück bringt sie aber nicht.

Leucanthemum vulgare

Magerwiesen-Margerite

STANDORT: Benötigt einen sonnigen Platz auf trockenem bis frischem normalen Gartenboden
HÖHE: 30–60 cm
BLÜTE: V–VI, Körbchen mit gelben Röhrenblüten in der Mitte und weißen Zungenblüten außen, guter Pollenlieferant für Wildbienen, Asteraceae
BESONDERHEITEN: Die Blätter sind frischgrün und am Rand grob gesägt, sie werden mit zunehmender Höhe am Stängel immer kleiner. Die ganze Pflanze ist vor allem unten dicht behaart, weiter oben kahl.
Die Magerwiesen-Margerite gilt als guter Lieferant für Raupenfutter für Schmetterlinge. Alte Heilpflanze.

Silene viscaria

Gewöhnliche Pechnelke

STANDORT: Bevorzugt trockene, sonnige Standorte auf nährstoffarmen Böden
HÖHE: 30–60 cm
BLÜTE: V–VII, endständige Rispen mit roten bis rosafarbenen Blüten, die grünen Kelchblätter weisen deutliche Quernerven auf, Bienenweidepflanze, Caryophyllaceae
BESONDERHEITEN: Das Nelkengewächs hat einen eher buschigen Wuchs. Die Pflanzen ziehen im Winter ein, die bodennahe Blattrosette bleibt aber erhalten. Es empfiehlt sich, die Horste alle 2–3 Jahre zu teilen. Gute Raupenfutterpflanze.

WEITERE PFLANZEN FÜR TROCKENE STANDORTE

Stauden

Diptam oder Brennender Busch (*Dictamnus* spp.)
Dost (*Origanum* spp.)
Duftnessel (*Agastache* spp.)
Einjähriges Silberblatt (*Lunaria annua*)
Fackellilie (*Kniphofia* spp.)
Färberhülse (*Baptisia* spp.)
Fenchel (*Foeniculum* spp.)
Fetthenne (*Sedum* spp.)
Frauenminze, Balsamkraut (*Tanacetum balsamita*)
Goldrute (*Solidago* spp.)
Griechischer Bergtee (*Sideritis syriaca*)
Großblumige Kokardenblume (*Gaillardia × grandiflora*)
Heiligenkraut (*Santolina* spp.)
Katzenminze (*Nepeta* spp.)
Kissen-Aster (*Aster dumosus*)
Knollen-Brandkraut (*Phlomoides* 'Amazone')
Kugeldistel (*Echinops* spp.)
Mannstreu (*Eryngium* spp.)
Palisaden-Wolfsmilch (*Euphorbia characias*)
Patagonisches Eisenkraut (*Verbena bonariensis*)
Prachtkerzen (*Oenothera* Syn. *Gaura* spp.)
Rosmarin (*Salvia rosmarinus*)
Salbei (*Salvia* spp.)
Schafgarbe (*Achillea* spp.)
Steinsamen (*Lithospermum* spp.)
Steppen-Wolfsmilch (*Euphorbia seguieriana* subsp. *niciciana*)
Strandflieder (*Limonium* spp.)
Zypressen-Wolfsmilch (*Euphorbia cyparissias*)

Gräser

Atlas-Schwingel (*Festuca mairei*)
Bärenfell-Schwingel (*Festuca gautieri*)
Feines Lampenputzergras (*Pennisetum orientale*)
Herbst-Blaugras (*Sesleria autumnalis*)
Silber-Raugras (*Achnatherum calamagrostis*)
Zartes Federgras (*Stipa tenuissima*)

Geophyten

Allium carinatum
Allium christophii
Allium cowanii
Allium fistulosum
Allium moly
Allium schoenoprasum
Allium schubertii
Allium senescens
Allium aflatunense
Allium atropurpureum
Allium caeruleum
Crocosmia
Crocus
Eremurus
Fritillaria persica
Fritillaria raddeana
Gladiolus communis
Ipheion
Iridodyctium
Lilium candidum
Muscari
Narcissus jonquilla
Narcissus triandrus
Narcissus cyclamineus
Puschkinia
Tulipa clusiana
Tulipa whittallii
Triteleia
Tulipa batalinii

Refugien im Garten

Steinhaufen, Trockenmauern und Totholz sind faszinierende Lebensräume, nicht nur für Pflanzen, sondern auch für viele Gartenbewohner. Hier kann ein ganz besonderes Biotop für seltene Arten entstehen.

Der Standort für Steinhaufen, Trockenmauern und Totholz muss geschickt gewählt werden. Amphibien lieben es eher feucht und schattig, Eidechsen und Schlangen lieben die Wärme. In so einem aufgeschichteten Steinhaufen oder in einer Trockenmauer finden Wespen ein gutes Quartier in den Hohlräumen.
Auch die Garten-Wollbiene nutzt solche Ritzen und alte Mäusebauten, um dort für ihre Nachkommen Brutzellen anzulegen. Mäuse bevorzugen diese geschützten und trockenen Räume. Einige Spinnenarten, wie die Wolfsspinne, lauern in den schmalen Ritzen auf Beute in der Nacht. Erd- und Wechselkröten finden hier einen idealen Platz, um nach nachtaktiver Beute zu jagen, und wenn man Glück hat, kann man Zauneidechsen beobachten. Auch Mauswiesel jagen hier nach Mäusen. Es erschließen sich also vielfältige Lebensräume, wenn z.B. eine Trockenmauer im Garten gesetzt wird.

Steinwälle und Totholz

In meiner Heimat werden Steinwälle als Friesenwälle bezeichnet. Sie werden trocken aufgesetzt und in die Mitte zwischen den Steinreihen wird Boden geschüttet. Anschließend kann man sie wunderschön bepflanzen. Leider werden diese Wälle bei uns zusehend mit Beton verschmiert und dazu noch mit Kirschlorbeer verziert.
Totholz im Garten ist der lebendigste Lebensraum. Hier leben unendlich viele Arten von und auf dem Holz. Etliche Insekten profitieren davon, entweder weil es Nahrung, oder aber Verstecke bietet. Eigentlich ist es ganz einfach: Schichten Sie Reisig oder Totholz auf einen Haufen und schon stellen sich viele Tiere ein, Nützlinge wie Schädlinge. Bedenken Sie immer: Nicht nur Nützlinge sind im Garten wichtig, auch die sogenannten Schädlinge haben ihre Aufgabe im Ökosystem. Es funktioniert nur im Einklang.
Ebenso kann man alte Baumwurzeln nehmen, die sehr schnell besiedelt werden. Totholz wird aber auch als Baumaterial genutzt. Die Blauschwarze Holzbiene, die Gewöhnliche Löcherbiene und die gemeine Goldwespe sind vom Totholz abhängig, und auch der Goldrosenkäfer und der Gemeine Widderbock benötigen Totholz als Lebensraum. Sie können nur schlecht darauf verzichten. Genau wie bei Steinhaufen sind auch Totholzhaufen gleichzeitig Jagdrevier für Käfer, Spinnen, Kröten, Singvögel, Spitzmäuse und Igel.

Benjeshecke

Eine Vielfalt an Nutzungsmöglichkeiten für Gartentiere bietet eine Benjeshecke. Hier werden Holzpfosten in die Erde gebracht und dazwischen Gehölzschnitt aus dem Garten aufgeschichtet. So entsteht eine stabile und zugleich durchlässige Hecke, die gleichzeitig einen kostengünstigen Sichtschutz im Garten darstellt. Damit kann man geschickt einen Gartenteil abtrennen. Diese Heckenart ist ein wunderbarer Lebensraum für zahlreiche Vogelarten wie Amsel, Heckenbraunelle und Rotkehlchen, die diesen geschützten Raum als Nistmöglichkeit nutzen. Aber auch Igel oder Siebenschläfer und einige Reptilien nutzen diesen Lebensraum.

LINKS Ein solcher Trockenhang, abgestützt mit Trockenmauern, ist ein Paradies für viele Insekten, Eidechsen & Co.

UNTEN LINKS Zwischen Steinen bieten sich gute Verstecke.

UNTEN RECHTS Beim Schnitt von Gehölzen im Garten fällt einiges an Astmaterial an, das sich für den Bau einer Benjeshecke eignet. Und die bietet Lebensraum für zahlreiche Tiere. Prädikat: Wertvoll.

Gräser für trockene Standorte

Gräser sind ein wichtiger Bestandteil im Präriegarten. Sie bringen Ruhe in eine Pflanzung. Die luftigen Gestalten können gleichsam zwischen den Stauden »schweben« oder als Strukturbildner fungieren.

Bei Gräsern, die hauptsächlich zur Familie der Süßgräser zählen, gibt es eine große Auswahl. Sie gehören mittlerweile in beinahe jeden Garten. Dass neben dem hübschen Blattwerk auch die Blüten interessant sind, wird oft vergessen. Außerdem haben Gräser meist einen geringen Pflegeaufwand. Das ist ein großer Vorteil. Man kann sie getrost sich selbst überlassen. Verschiedene Gräser sollten Sie vor allem in kleinen Gärten ab und zu teilen. Das trifft auf jeden Fall auf Chinaschilf-Sorten zu (siehe Seite 149).

Die meisten Gräser, die ich in meinen Pflanzungen aussuche, wähle ich nach ihren wundervollen Blüten aus, aber auch nach der Standhaftigkeit und der Herbstfärbung. Die schönsten Sorten sind durch einen besonderen Habitus oder eine schöne Färbung auffällig.

COLD-SEASON ODER WARM-SEASON?

- Bei den Gräsern wird häufig zwischen Cold-Season- und Warm-Season-Gräsern unterschieden. Die Cold-Season-Gräser wachsen bereits bei Temperaturen im einstelligen Bereich. Sie treiben früh im Jahr aus und blühen bereits im späten Frühling oder frühen Sommer.
  In den Sommermonaten legen sie eine Wachstumspause ein. Vermehrt kleinere Arten und Sorten wie die Segge oder das Japanische Berggras sowie *Calamagrostis* × *acutiflora* 'Karl Foerster' gehören zu den Cold-Season-Gräsern.
- Warm-Season-Gräser treiben dagegen erst spät im Jahr aus und blühen im Spätsommer. Sie behalten ihr abgestorbenes Laub meist als Winterschutz. *Miscanthus*- und *Pennisetum*-Arten und -Sorten sind hier zu nennen.

Bouteloua curtipendula
Hohes Haarschotengras

STANDORT: Benötigt einen sonnigen, trockenen Platz
HÖHE: 50 cm
BLÜTE: VIII–X, lange Rispen mit zarten Blüten und orangen Staubgefäßen, Poaceae
BESONDERHEITEN: Im Herbst färbt sich das Laub gelb bis bronze, orange oder purpur. Im Winter hat das Hohe Haarschotengras keinen Zierwert. Ich verwende das Gras seit 2011, erst seit 2017 erfriert es im Norden Deutschlands nicht mehr. Sehr schön wirkt es in kleineren oder größeren Gruppen auf Freiflächen. Wunderschön sieht *Bouteloua curtipendula* in wiesenartiger Präriebepflanzung mit halbhohen Arten wie Sonnenhut (*Echinacea pallida*), Nadelblättriger Prärieminze (*Pyncanthemum tenufolium*) und Prachtscharte (*Liatris spicata* 'Kobold'). Hohes Haarschotengras zählt zu den Warm-Season-Gräsern.

Bei *Bouteloua curtipendula* sind die Blüten an der oberen Hälfte der Halme aufgereiht.

Bouteloua gracilis
Moskitogras, Haarschotengras

STANDORT: Benötigt einen trockenen durchlässigen Boden in voller Sonne, der felsig oder tonig und trocken sein sollte
HÖHE: 20–40 cm
BLÜTE: VI–IX, die gelbbräunlichen bis purpurnen Blütenstände stehen ungewöhnlich waagerecht ab und erinnern an einen Moskitoschwarm, Poaceae
BESONDERHEITEN: Das Moskitogras ist langlebig und sehr trockenheitstolerant. Gut einzusetzen in Steinanlagen, Kiesgärten oder Steppenbepflanzungen. Wunderschön ist das Gras in Kombination mit niedrigen Pflanzen wie Nickendem Lauch (*Allium cernuum*), Sonnenhut (*Echinacea tennesseensis* 'Rocky Top Hybride') oder Bartfaden (*Penstemon hirsutus*) und Missouri-Sonnenhut (*Rudbeckia missouriensis*). Das Moskitogras zählt zu den Warm-Season-Gräsern.

Bouteloua gracilis kommt gut ohne Pflege aus. Das Moskitogras sieht auch im Winter sehr attraktiv aus.

Eragrostis spectabilis lockert Präriepflanzungen auf. Der herbstliche Farbwechsel der Blätter schafft neue Gartenbilder.

In Gruppen ausgepflanzt entfaltet sich die Attraktivität von *Festuca amethystina* besonders gut.

Eragrostis spectabilis

Purpur-Liebesgras

STANDORT: Benötigt einen sonnigen Standort auf einem trockenen sandigen bis frischen Boden
HÖHE: 30–40 cm
BLÜTE: VIII–IX, violett-rosa Blütenrispen
BESONDERHEITEN: Hübsche orangerote Blätter im Herbst. Das eher kurzlebige Gras hat einen horstigen Wuchs und ist sehr trockenheitsverträglich. Es eignet sich für eine Wildstaudenbepflanzung zusammen mit heimischen Wildstauden und Präriestauden wie *Oenothera lindheimeri* und *Geranium sanguineum*.

Festuca amethystina

Regenbogen-Schwingel

STANDORT: Wächst gut auf trockenem Boden, benötigt einen sonnigen Standort
HÖHE: 25–45 cm
BLÜTE: VI–VII, rotbraun-violette Blüten in Rispen, Poaceae
BESONDERHEITEN: Passt gut auf Freiflächen mit Wildstaudencharakter, in Steinanlagen oder in Pflanzungen am Gehölzrand. Der Regenbogen-Schwingel harmoniert ansprechend mit Steinquendel (*Calamintha nepeta*), Blut-Storchschnabel (*Geranium sanguineum*) und Weißem Stauden-Lein (*Linum perenne* 'Nanum Diamant')

Festuca cinerea 'Elijah Blue'

Blau-Schwingel

STANDORT: Bevorzugt einen trockenen, sonnigen Standort
HÖHE: 15–25 cm
BLÜTE: VI–VII, gelblich-braune Blüten
BESONDERHEITEN: Der Blau-Schwingel macht mit seinen blau gefärbten Blättern auf sich aufmerksam. Er passt gut in Steinanlagen und Fels-Steppen. Gute Pflanzpartner sind Teppich-Sedum (*Sedum spurium* 'Fuldaglut') und Sonnenröschen (*Helianthemum* Hybride 'Sterntaler').

Helictotrichon sempervirens 'Saphirsprudel'

Blaustrahl-Wiesenhafer

STANDORT: Benötigt einen trockenen, sonnigen Standort und einen durchlässigen, lehmig-sandigen, humosen Boden
HÖHE: 35–120 cm
BLÜTE: VII–VIII, silbrige bis gelbliche Blüten, die filigranen Blütenrispen stehen an langen Stängeln, Poaceae
BESONDERHEITEN: Der Blaustrahl-Wiesenhafer wuchert nicht und lässt sich deshalb sehr akzentuiert einsetzen. Selbst extrem trockene Standorte können dem Gras nichts anhaben. Gute Pflanzpartner sind die

Bei *Helictotrichon sempervirens* 'Saphirsprudel' erheben sich über den starren Blatthorts die eleganten Blütenrispen.

Stipa tenuissima wird auch als Engelshaar bezeichnet. Die zarten Halme wiegen sich federleicht im Wind.

Dalmatiner-Silbergarbe (*Achillea ageratifolia*), Polster-Silberraute (*Artemisia schmidtiana* 'Nana') und die Junkerlilie (*Asphodeline lutea*).

Koeleria glauca

Blaugrünes Schillergras

STANDORT: Bevorzugt einen sandigen durchlässigen Boden und einen trockenen, sonnigen Standort
HÖHE: 15–40 cm
BLÜTE: VI–VII, bräunliche bis grau-grünliche Blüten, Poaceae
BESONDERHEITEN: Das Blaugrüne Schillergras hat eine sehr natürliche Ausstrahlung und kommt besonders gut in Naturgärten zur Geltung, vor allem zwischen kleinbleibenden Stauden. Auf zu nährstoffreichen Böden ist das Gras nur kurzlebig und verblüht schnell. Tripmadam (*Sedum reflexum*) und Heide-Nelke (*Dianthus deltoides*) passen gut zum Blauen Schillergras.

Sesleria autumnalis

Herbst-Kopfgras, Herbst-Blaugras

STANDORT: Bevorzugt einen sonnigen bis halbschattigen Standort auf trockenem bis frischen, humosen Boden
HÖHE: 30–50 cm
BLÜTE: VIII–X, silbrig-weiße Blüten in Ähren angeordnet
BESONDERHEITEN: Die Blüten des Herbst-Kopfgrases sind eher unscheinbar, es schmückt sich aber mithilfe der blaugrünen bis graugrünen üppigen Belaubung. Das Gras bildet schöne Polster und lockert Beete und Freiflächen gleichermaßen auf. Die Weiße Sommer-Wald-Aster (*Aster divaricatus*), Bergenien und Purpurglöckchen (*Heuchera*) passen gut zu *Sesleria autumnalis*.

Stipa tenuissima (syn. *Nasella tenuissima*)

Mexikanisches Federgras

STANDORT: Benötigt einen sonnigen Standort und trockenen Boden
HÖHE: 30–50 cm
BLÜTE: VII–VIII, die silbrig-weißen Grannen verfärben sich goldgelb und schweben über den sehr zarten Halmen, Poaceae
BESONDERHEITEN: Das Mexikanische Federgras ist kurzlebig, versamt sich aber gut. Im Frühjahr sollten die abgestorbenen Halme ausgekämmt werden. Das Gras eignet sich bestens zur Bepflanzung von Steinanlagen und Steppenarrangements. Ich empfehle, es im Frühjahr nicht zu schneiden. *Stipa tenuissima* zählt zu den Cold-Season-Gräsern.

Mein erster Natur-Präriegarten

Der Natur-Präriegarten in Haby war unser erster eigener Garten im Präriestil. Es war ein wunderbares Projekt.

Beim ersten Anblick des Gartens aus den 1960er-Jahren hatte ich 2010 umgehend ein Konzept im Kopf. Es sollte ein Natur-Präriegarten mit freiem Blick auf Wiesen und Wald entstehen, indem sich sowohl Insekten als auch andere Gartenbewohner wohlfühlen. Ich legte sehr großen Wert auf die Bepflanzung mit passenden Pollen- und Nektarpflanzen sowie Raupenfutterpflanzen. Zuerst entstand der Vorgarten von 100 m². Hier setzte ich die Mischpflanzung Silbersommer ein. Ich wollte die unterschiedlichen Mischpflanzungen des Bunds deutscher Staudengärtner auf Flächen ausprobieren, die für private Gärten in einer mittleren Größe umsetzbar waren. Hier war es im gesamten Garten möglich. Der Vorgarten erhielt die Mischung Silbersommer, die mich seit 2002 inspirierte, mich mit solchen Bepflanzungen zu beschäftigen. Der Gartenboden war perfekt für diese Staudenmischungen. Im hinteren Garten plante ich Feuer und Flamme

Im Hochsommer dominieren Lilien, *Liatris* und *Echinacea*.

(80 m^2 ein, Präriemorgen und Präriesommer jeweils 45 m^2, Tanz der Gräser 40 m^2 und ein buntes Terrassenbeet mit Sprudelstein von 20 m^2. Am Feldrand entstand eine bunte Mischung aus Gräsern und Stauden, die bis in den späten Herbst hinein blühten. Die runde Rasenfläche mit anschließendem Rasenweg betrug 40 m^2. Der Hauptweg im Garten wurde als rollstuhlgängiger Weg gelegt und alle anderen Wege zwischen den Beeten waren mit Kiesel 16/32 mm belegt. Ein Gartenhaus und eine zweite runde Klinkerterrasse mit einer Sandspielfläche umgrenzt mit Birkenstämmen, machten den Garten für eine Familie perfekt.
Einige Ausfälle im bis dato noch kühlen Norddeutschland konnte ich beobachten: Blauraute (*Salvia yangii*) und Bartblume (*Caryopteris*) erfroren in den kalten Wintern. Auch *Stipa tenuissima* hielt nicht lange durch. *Stipa calamagrostis* 'Allgäu' versamte sich sehr stark und die Zypressen-Euphorbie wanderte in der Nachbarschaft durch alle Gärten, da ich sie auch an die Ränder gepflanzt hatte und sie an der Grundstücksgrenze nicht Halt machte.

Im Frühsommer sind Tulpen und Zwiebelpflanzen präsent.

Zwiebelpflanzen für trockene Standorte

Blumenzwiebeln für trockene Standorte im Natur-Präriegarten gibt es eine ganze Menge und sie sind mit ihren besonderen Eigenschaften vor allem in Zeiten des Klimawandels die richtige Wahl.

Das Jahr kann wundervoll mit frühblühenden Wildsorten aller Art beginnen. Für mich sind sie immer die beste Wahl, denn sie verwildern gut, sind langlebiger als Zuchtformen von Zwiebelblühern und bei standortgerechter Pflanzung wundervolle Hingucker auf dem Beet. Bei den Wildtulpen sind vor allem *Tulipa linifolia* (syn. *T. batalinii*), *T.orphanidea* (syn. *whittallii*) und *T. clusiana*.

Für Steppenbepflanzungen bevorzuge ich in der Gattung *Allium* die kleineren Sorten wie den Nickenden Lauch oder den Libanon-Lauch. Es gibt aber noch eine ganze Reihe anderer Arten, die sich für einen trockenen und steinigen Standort eignen, z.B. *Allium aflatunense, A. atropurpureum, A. caeruleum, A. moly*. *Allium*-Arten benötigen unbedingt den richtigen Standort, um auch im nächsten Jahr wieder zu erscheinen.

Allium cernuum 'Hidcote'
Nickender Lauch

STANDORT: Benötigt einen durchlässigen, trockenen, lehmig-sandigen bis steinigen Boden in sonniger Lage
HÖHE: 30–40 cm
BLÜTE: V–IV, die pinkfarbenen glöckchenartigen Blütendolden sind wahre Blütenmagnete, Alliaceae
BESONDERHEITEN: Der nickende Lauch hat wunderschönes dunkelgrünes Laub. Die Art ist winterhart und lässt sich gut in kleinen Gruppen arrangieren.

Crocus chrysanthus 'Blue Pearl'
Balkan-Krokus, Kleiner Krokus

STANDORT: Liebt einen trockenen bis frischen Boden in sonniger bis absonniger Lage auf einer trockenen Fläche oder auch am Gehölzrand
HÖHE: 10 cm
BLÜTE: II–III, der kleinblumige Wildkrokus besticht durch hübsche hellblaue Blüten. Insektenmagnet, Iridaceae
BESONDERHEITEN: *Crocus chrysanthus* 'Blue Pearl' versamt sich und verwildert gut. Am besten pflanzt

Allium cernuum 'Hidcote' entwickelt spektakuläre Blüten. Aus jeder Zwiebel entwickelt sich ein Blütenstiel.

Tulipa clusiana zählt zu den edelsten, beinahe damenhaften Tulpen und wächst schmaler als die großblumigen Sorten.

man ihn in Gruppen. Wunderschöne weitere Sorten sind u.a. 'Art Schenk', 'Romance', 'Prince Claus'.

Iris reticulata

Netzblatt-Iris

STANDORT: Benötigt einen warmen Platz, gerne steinig und nicht zu nährstoffarm
HÖHE: 10–20 cm
BLÜTE: II–III, die hängenden Blütenblätter haben unterschiedliche Farben von Weiß über Gelb und Hellblau bis Violett, die dunkelgrünen Blütenblätter erreichen eine Höhe bis zu 30 cm, Iridaceae
BESONDERHEITEN: Die Netzblatt-Iris ist eine wahre Schönheit und kommt zuverlässig wieder. 'Alida', 'Purple Hill', 'Katharina Hodgkin' sind empfehlenswert.

Muscari aucheri 'Blue Magic'

Traubenhyazinthe

STANDORT: Benötigt einen trockenen Standort, fühlt sich sowohl in der Sonne als auch im Halbschatten und Schatten auf einem trockenen bis frischen Boden wohl
HÖHE: 10–20 cm
BLÜTE: III–IV, der Blütenstand besteht aus kleinen Glocken in den Farben Weiß, Hellblau und Hellblau mit weißer Spitze. Die Blüten wirken wie kleine Perlen, aufgereiht an den zarten Stängeln, Insektenmagnet, Hyacinthaceae
BESONDERHEITEN: *Muscari aucheri* 'Blue Magic' bildet Tochterzwiebeln und vermehrt sich reichlich.

Das Laub zieht nach der Blüte ein. Weitere gartenwürdige Sorten sind 'White Magic' und 'Ocean Magic'.

Narcissus triandrus 'Hawera'

Engelstränen-Narzisse

STANDORT: Bevorzugt trockene, sonnige Standorte
HÖHE: 25 cm
BLÜTE: IV–V, primelgelbe Trompetenblüten zu mehreren an einem Stiel, Insektenmagnet, Amaryllidaceae
BESONDERHEITEN: Die Engelstränen-Narzisse zählt zu meinen Lieblingsnarzissen. 'Hawera' ist eine robuste, sehr trockenheitsverträgliche Sorte. Die Narzisse wirkt sehr zart. Sie breitet sich gut aus und ist im Natur-Präriegarten ein Hingucker im April und Mai.

Tulipa clusiana

Damen-Tulpe

STANDORT: Wächst gut auf sonnigem Standort und trockenem bis frischem Boden
HÖHE: 25 cm
BLÜTE: IV, die Blüte ist innen weiß mit großem schwarzviolettem Herz, sie öffnet sich bei Sonnenschein zu weißen Sternen, Liliaceae
BESONDERHEITEN: Die Damen-Tulpe sieht schön in Grüppchen gepflanzt aus. Eine Wildtulpe zum Verwildern und passt schön in Steppenpflanzungen. Weitere empfehlenswerte Sorten sind 'Lady Jane', 'Tubergens Gem' und 'Sheila'.

Gehölze für trockene Standorte

Was wäre ein Garten ohne Lavendel oder Bartblume? Halb so schön! Einige wenige Gehölze dürfen einen Natur-Präriegarten durchaus bereichern.

Vor allem Halbsträucher und Sträucher sind in einem Präriegarten zu finden; nicht zu viele, sie dürfen nicht dominieren, geben der Pflanzung aber eine Struktur. Für den Natur-Präriegarten gibt es einige empfehlenswerte Arten und Sorten für trockene Standorte.

Caryopteris × clandonensis 'Heavenly Blue'
Bartblume

STANDORT: Bevorzugt einen sonnigen und warmen Standort bei durchlässigem, kalkhaltigem Boden, verträgt kurze Trockenperioden, aber keine Staunässe
HÖHE: 70–100 cm
BLÜTE: VII–IX, blaue Ballonblüten, ein reichblühender Insektenmagnet, Verbeneaceae
BESONDERHEITEN: Der beliebte Zierstrauch hat blaugrünes Laub und bezaubert mit einem angenehmen Duft und einer umwerfenden Farbe. Sehr schön ist auch die 60–70 cm hohe Sorte 'Blauer Spatz'.

Cotinus coggygria
Perückenstrauch

STANDORT: Vollsonnig und nicht zu nährstoffreich. Empfindlich gegen Nässe im Winter, daher sollte der Boden durchlässig sein.
HÖHE: 2–5 m
BLÜTE: V–VI, rötlich überhauchte, wattig wirkende Blütenstände, nach der Blüte entwickeln sich die duftigen, namensgebenden Fruchtstände. Anacardiaceae
BESONDERHEITEN: Attraktive orangegelbe, scharlachrote Herbstfärbung, schnittverträglich. Dieses Gehölz ist absolut hitzeverträglich. Attraktive Rindenfärbung im Winter.

Elaeagnus angustifolia
Schmalblättrige Ölweide

STANDORT: Benötigt einen vollsonnigen Platz, verträgt einen trockenen Boden, salz- und windverträglich, sehr anspruchslos
HÖHE: 6–8 m
BLÜTE: V–VI, silbrige Blüten, innen gelb, nach der Blüte

Caryopteris × clandonensis wirkt auf den ersten Blick wie eine Staude, ist aber ein Halbstrauch.

Elaeagnus angustifolia ist äußerst robust und bestens für den Natur-Präriegarten am sonnigen Standort geeignet.

entwickeln sich die kugeligen, gelben, essbaren Früchte, Oleaceae

BESONDERHEITEN: Graugrünes, unterseits silberschuppiges Laub. Dieses Gehölz ist absolut hitzeverträglich. Nach dem Anwachsen sollte es nicht mehr gewässert werden. Auch als Sichtschutz und Hecke.

Cistus laurifolius

Lorbeerblättrige Zistrose

STANDORT: Benötigt einen warmen, leicht geschützten Platz in sonniger Lage, wächst gut auf durchlässigem Boden

HÖHE: 60–120 cm

BLÜTE: VI–VII, weiße, leicht gefaltete Kronblätter und gelbe Staubblätter, die Blüten ähneln denen von Sonnenröschen, jede Blüte zeigt sich nur einen Tag, Insektenweide, Cistaceae

BESONDERHEITEN: Die Lorbeerblättrige Zistrose hat in Steinanlagen und in Steppenpflanzungen ihren großen Auftritt. Besonders attraktiv wirkt sie in Kombination mit Lavendel, Blauraute, Salvia- oder Beifuß-Arten. In kalten, schneearmen Wintern abdecken.

Lavandula angustifolia 'Hidcote Blue'

Lavendel

STANDORT: Benötigt einen vollsonnigen Standort und einen trockenen bis mäßig feuchten, sandigen, durchlässigen und gut mit Kalk versorgten Boden

HÖHE: 30–50 cm

BLÜTE: V–VII, dunkelviolette Blüten in 20 cm langen Scheinähren, bildet unscheinbare Nüsschen, Insektenmagnet, besonders für Bienen und Schmetterlinge, Lamiaceae

BESONDERHEITEN: Die ganzrandigen Blätter ähneln Nadeln, sie sind graugrün und silbrig behaart als Sonnenschutz. Ein Schnitt nach der Sommerblüte regt zur Bildung neuer Knospen an. Nicht ins alte Holz zurückschneiden.

Normale Standorte im Garten

Ist normal gleich ideal? Ein normaler Standort ist zumindest nicht extrem, nicht zu nass und nicht zu trocken. Für den normalen Gartenboden gilt das auch. Aber es gibt auch immer Abweichungen.

In den meisten Gärten herrschen »normale« Bedingungen vor, sowohl was die Temperaturen, die Sonneneinstrahlung, den Wind angeht als auch in Punkto Bodenzusammensetzung. Ein normaler Gartenboden ist gewachsene Erde, oft ist er nährstoffreich, krümelig und gut durchlüftet, er lässt sich leicht bearbeiten und kann ausreichend Wasser speichern. Er kann aber auch verdichtet und nass, stickstoffarm oder kalkhaltig sein. Zeigerpflanzen können darauf hinweisen, was für ein Boden vorliegt. Sind die Verhältnisse problematisch, kann man bestimmte Verbesserungsmaßnahmen durchführen.

Zeigerpflanzen

Zeigerpflanzen zeigen uns, wie ein Boden beschaffen ist. Einen humus- und stickstoffreichen Boden erkennt man an einem Bewuchs mit Brennnessel, Disteln, Vogelmiere, Löwenzahn, Melde, Sauerampfer, Hirtentäschel, Gewöhnlichem Beifuß, Franzosenkraut, Weißem Gänsefuß, Kletten-Labkraut oder Huflattich. Ist ein hoher Stickstoffgehalt im Boden vorhanden, wachsen außerdem starkzehrende Gemüsepflanzen besonders üppig.
Solch ein sehr guter Gartenboden ist geeignet, um hier einen Natur-Präriegarten mit entsprechenden heimischen Wildpflanzen und Pflanzen aus der Misch- und Hochgrasprärie anzulegen.
Stauden wie Prärieampfer (*Parthenium integrifolium*), Indianernessel (*Monarda fistulosa* var. *menthifolia*) oder Staudensonnenblume (*Helianthus mollis*), Scheinsonnenhut (*Echinacea purpurea*), Dreimasterblume (*Tradescantia ohiensis*), Bergminze (*Pycnanthemum muticum*) und Präriesonnenhut (*Ratibida pinnata*) zählen zu den gängigen Arten. Aber auch Gräser wie Gambagras (*Andropogon gerardii*) oder Rutenhirse (*Panicum virgatum*) sind geeignet.

Schwierige »normale« Böden

Es gibt aber auch noch etliche andere Zeigerpflanzen, die Hinweise auf den Gartenboden geben und Rückschlüsse auf das weitere Vorgehen erlauben.

OBEN *Veronicastrum*, *Echinacea* und *Monarda* passen gut zusammen und gedeihen am normalen Standort bestens.

UNTEN *Ratibida pinnata* ist in den Präriestaaten der USA beheimatet. Die Blüte dauert von Juni bis September.

Helenium setzt mit ihren leuchtenden bunten Farben einen Höhepunkt in den sommerlichen Natur-Präriegarten.

Das Kleine Habichtskraut breitet sich an ihm zusagenden Plätzen gut aus. Es ist eine hervorragende Insektenweide.

Verdichteter, nasser Boden

Ein verdichteter, nasser Boden entsteht durch großen Druck von oben. Das ist immer wieder so bei Neubauten, wo mit schweren Maschinen gearbeitet wurde. Die Zeigerpflanzen sind hier u. a. Ackerschachtelhalm (*Equisetum arvense*), Gänsefingerkraut (*Potentilla anserina*) und Löwenzahn. Bei Ackerschachtelhalm hat man kaum eine Chance, ihn aus dem Garten zu vertreiben. Selbst ein Bodenaustausch bringt kein gutes Ergebnis. In manchen Fällen muss man sich mit solchen Pflanzen einfach arrangieren.

Stickstoffarme Böden

Zeigerpflanzen für stickstoffarme Böden sind Gemeines Ruchgras (*Anthoxanthum odoratum*), Kleines Habichtskraut (*Hieracium pilosella*) und Wilde Möhre. Gerade stickstoffarme Gartenböden benötigen vermehrt organische Substanz. Hier kann man Komposterde einbauen oder mit organischem Dünger den Boden aufarbeiten. Kulturpflanzen benötigen genügend Stickstoff. Es lohnt sich also, die sogenannten Schwachzehren unter den Pflanzen mit Leguminosen zu kombinieren, da sie in ihren Wurzelknöllchen eine Symbiose mit Bakterien eingehen, die Stickstoff fixieren.

Kalkreiche Böden

Kalkreicher Boden hat einen erhöhten ph-Wert (über 7). Es kommt auf solchen Böden schnell zu Auswaschungen und in der Folge zu Nährstoffmangel im Boden und somit auch bei den Pflanzen. Zeigerpflanzen sind z. B. Ackerrittersporn (*Consolida regalis*), Echter Gamander (*Teucrium chamaedrys*), Kleiner Wiesenknopf (*Sanguisorba minor*), Sommeradonisröschen (*Adonis aestivalis*).

PFLANZEN FÜR EIN NORMALES BEET MIT GUTER NÄHRSTOFFVERSORGUNG

Stauden und Gräser

Aster (*Aster*)
Bärenklau (*Acanthus*)
Berg-Segge (*Carex montana*)
Blaugras (*Sesleria*)
Chinaschilf (*Miscanthus*)
Diamantgras (*Calamagrostis brachytricha*)
Fackellilie (*Kniphofia*)
Feinstrahlaster (*Erigeron*)
Frauenmantel (*Alchemilla*)
Glockenblume (*Campanula*)
Kandelaber-Ehrenpreis (*Veronicastrum*)
Kerzenknöterich (*Polygonum amplexicaule*)
Lampenputzergras (*Pennisetum*)
Mädchenauge (*Coreopsis*)
Moschus-Malve (*Malva moschata*)
Mutterkraut (*Tanacetum parthenium*)
Pfeifengras (*Molinia*)
Prärie-Salbei (*Salvia azurea*)
Purpurglöckchen (*Heuchera*)
Reitgras (*Calamagrostis acutiflora*)
Rutenhirse (*Panicum virgatum*)
Schönaster (*Kalimeris*)
Silberblatt (*Lunaria annua*)
Skabiose (*Scabiosa caucasica*)
Sonnenbraut (*Helenium*)
Sonnenhut (*Echinacea*)
Sonnenhut (*Rudbeckia*)
Storchschnabel (*Geranium*)
Taglilie (*Hemerocallis*)

Geophyten

Alium viviparum
Allium 'Mount Everest'
Allium 'Summer Drummer'
Allium 'Ambassador'
Allium jesdianum
Allium siculum
Allium 'Globemaster'
Allium senescens
Anemone blanda
Chionodoxa
Crocosmia
Crocus
Dahlia
Fritillaria imperialis
Hyacinthus
Leucojum aestivum
Liatris
Lilium
Muscari
Narcissus
Ornithogalum
Puschkinia
Scilla
Tulipa (alle Beettulpen)

27

Reihenhausgarten wach geküsst!

Diesen Garten aus seinem Dornröschenschlaf zu erwecken, war eines meiner schönsten Projekte. Die Gegebenheiten waren schwierig, das Ergebnis dann aber umso spektakulärer.

Das Grundstück mit Reihenhaus aus den Siebzigerjahren war ungewöhnlich, denn es war mit einem Bungalow bebaut und 12 m breit. Der etwa 200 m² große hintere Garten war umgeben von einer Koniferenhecke im Westen, blickdichten Sichtschutzzäunen in Dunkelbraun im Osten und einem neuen, zu 80 Prozent hochgemauerten Rotklinker-Carport mit einer langen schmalen Öffnung im Süden. Selbst das Gartenhaus war dunkelbraun. Ich kann es nicht anders sagen: Der Garten hatte Potenzial und musste einfach von mir wach geküsst werden.

Erste Arbeiten

Die alte Koniferenhecke wurde durch neue Sichtschutzwände ersetzt. Die Westseite des Gartens war wieder geschlossen. Die vielen Gehölze wurden bis auf eine hohe Konifere, deren untere Äste entfernt wurden, gerodet. Das Gartenhaus erhielt einen hellgrauen Anstrich mit weißen Stirnseiten und Fenstern. Die 35 m² große Terrasse, die kleine, 5 m² große Frühstücksterrasse und die Randsteine der drei Beete wurden mit anthrazitfarbenem Klinker belegt.

Wege und Pflanzen

Der Rasenweg öffnete sich bis zum Gartenhaus und der kleinen Terrasse und war 25 m² groß. Da der Boden in diesem Gartenteil über Jahre mit Rindenmulch bedeckt war, musste erst einmal ein Ausgleich des völlig übersäuerten Bodens hergestellt werden. Ich magerte den Boden mit Sand ab, damit auch die Wildpflanzen, die ich geplant hatte, eine Chance hatten, sich zu entwickeln. Es entstanden drei verschiedene Beete in unterschiedlichen Farben. Im Beet links von der Terrasse zwischen Haus und Gartenhaus dominieren nun die Farben Rosa, Pink, Lila, Weiß und ein wenig Gelb. Die 36 m² große Fläche wurde durch einen kleinen Weg geteilt. Vor einem Sichtschutzelement aus Hasel entstand ein kleiner Sitzplatz mit einer Bank, begrenzt durch *Miscanthus* 'Gracillimus'. Eine Felsenbirne, ein Faulbaum und ein Riesen-Federgras sind die Leit-

Vorderer und hinterer Garten (Bild links unten und rechts) mit einheitlicher Pflasterung, das Gartenhaus (Bild oben) mit neuem Anstrich. Die Bepflanzung fügt sich harmonisch ein.

stauden im Beet. Von der Bank hat man einen wundervollen Blick über Stauden wie den breitblättrigen Phlox, Kandelaber Ehrenpreis, *Echinacea pallida*, unterschiedliche Glockenblumen, Wiesenmargeriten und Taglilien.
Das 2 m tief liegende Beet vor dem Carport liegt im Halbschatten. Astrantien, Kerzenknöterich, Reitgras 'Waldenbuch' und andere passende Stauden komplettieren die Pflanzung.

Fazit

Ein gelungenes Projekt mit unterschiedlichen Bereichen sowohl im Vorder- als auch im Hintergarten.
Der Vordergarten ist zur Visitenkarte des Hauses geworden. Der gesamte Vorgarten ist zu einem Blütenmeer aus den unterschiedlichen Farben geworden. Riesen Federgras, Blaustrahlhafer, Mexikanisches Federgras, Tautropfengras, Chinaschilf 'Gracillimus', Rutenhirse 'Rehbraun' und Silber-Raugras sind vertreten und bringen den Präriestaudencharakter mit. Viele Wildstauden fühlen sich auf diesem sandigen Gartenboden wohl. Insekten schwirren durch die Bepflanzung von Februar bis November. In den Lücken zwischen den Pflanzen sind eine Menge bodennistende Wildbienen zuhause, da sie hier den ganz natürlichen Boden vorfinden und nicht weit fliegen müssen, um ihre Brutzellen mit Pollen zu versorgen. Auch die wunderschönen Nisthilfen wurden dankbar angenommen. So muss ein Natur-Präriegarten aussehen, um die Biodiversität zu fördern.

Durch neue, nicht blickdichte Sichtschutzwände mit Rhombusleisten aus Lärche, die im Wechsel mit schmaleren Weidenelementen verwendet wurden, wirkt der Garten nicht mehr nach außen abgeschottet. Die Bank lädt zum Verweilen und Genießen der Pflanzung ein.

LINKE SEITE Die Beete zwischen Haus und Gartenhaus sind durch einen kleinen Weg aus Kieselsteinen voneinander getrennt.

UNTEN LINKS Im Frühjahr sind *Pulsatilla* und *Muscari* vertreten.

UNTEN RECHTS Rechts von der Terrasse bis zur Frühstücksterrasse erstrahlt ein Beet in Indian-Summer-Farben von Weiß über Gelb, Orange, Rot bis Bordeaux. Als Fremdfarbe kommt Blau hinzu. Den Abschluss bildet eine einzige Rose, 'Ghislaine de Féligonde', die bis in die Konifere hinein wächst.

Stauden für normale Standorte

Viele Stauden eignen sich für den normalen Gartenstandort und -boden. Hier können Sie für den Natur-Präriegarten aus dem Vollen schöpfen.

Es ist unglaublich, was für eine Vielfalt Stauden uns bringen können. Aber was so verlockend erscheint, kann auch zu Fehlern verleiten. Arrangieren Sie klug und treiben Sie es nicht zu bunt. Dann wirkt das Gesamtbild schnell überfordernd, der Blick kommt nicht zur Ruhe.

Agastache foeniculum

Duftnessel, Bergminze

STANDORT: Benötigt einen trockenen und durchlässigen normalen Boden in voller Sonne
HÖHE: 60–80 cm
BLÜTE: VII–IX, violette, lange, rispenförmige Blütenkerzen, die Duftnessel ist ein Insektenmagnet besonders für Schmetterlinge, Lamiaceae
BESONDERHEITEN: Die Pflanze wächst buschig, die Blätter duften nach Anis. Die Duftnessel ist eine Heilpflanze. Die Wildformen sind nicht sehr langlebig, versamen sich aber. Wunderschöner Anblick im Beet zusammen mit Gräsern oder weißen Stauden wie Weißem Ysop.

Coreopsis tripteris

Hohes Mädchenauge

STANDORT: Benötigt einen frischen Boden in sonniger Lage oder auch am Gehölzrand
HÖHE: 130–180 cm
BLÜTE: VII-IX, gelbe Blüten mit brauner Mitte, sehr standhaft und lange Blütezeit mit dekorativen Fruchtständen, die den Winter über an der Pflanze bleiben, Insektenmagnet für viele Schmetterlinge und andere Insekten, Asteraceae
BESONDERHEITEN: Das Hohe Mädchenauge bildet feine Ausläufer und versamt sich leicht. Es zählt zu meinen Lieblingspflanzen. Wunderschön zusammen mit Flammenblumen, Scheinsonnenhüten, Astern und Indianernesseln. Gerüststaude.

OBEN *Agastache* 'Black Adder' verströmt einen angenehmen Blatt- und Blütenduft. Die Staude ist eine gute Bienenweide.

UNTEN *Coreopsis tripteris* stammt aus Nordamerika und ist sehr anspruchslos, robust und pflegeleicht.

Coreopsis verticillata

Quirlblättriges Mädchenauge

STANDORT: Benötigt einen sonnigen Standort und frischen, durchlässigen normalen Gartenboden
HÖHE: 60 cm
BLÜTE: VII–IX, gelbe Blüte mit sich überlappenden Kronblättern. Insektenmagnet, Asteraceae
BESONDERHEITEN: Die aufrechten Triebe tragen fein geteilte, hellgrüne Blätter. Das Quirlblättrige Mädchenauge ist eine robuste und ausdauernde Staude, die auch für Wildpflanzungen geeignet ist. Wunderschön in Verbindung mit der Polster-Feinstrahlaster 'Mrs. E.H. Beale' und zarten Gräsern wie dem Tautropfengras. Begleitstaude, Bodendeckerstaude.

Echinacea purpurea

Scheinsonnenhut

STANDORT: Benötigt volle Sonne und einen frischen, kalkhaltigen, nicht zu trockenen Boden
HÖHE: 50–150 cm
BLÜTE: VII–IX, margeritenartige Blütenkörbchen mit purpurrosa gefärbten Zungenblüten und einer auffällig nach oben gewölbten, braunroten Mitte,eine gute Schmetterlingswiese, Asteraceae
BESONDERHEITEN: Die Pflanze bildet etwas steife, rau behaarte oder glatte Sprosse. Am besten kommt der Scheinsonnenhut in Gruppen zur Geltung. Verwelkte Blütenkörbchen sollten sofort ausgeschnitten werden, das verlängert die Blütezeit.

OBEN *Coreopsis verticillata* bildet vieltriebige dichte Bestände.
MITTE *Echinacea purpurea* ist ein Schmetterlingsmagnet.
UNTEN *Eryngium yuccifolium* lockert Präriepflanzungen auf.

Auf den leuchtend violettblauen Blüten von *Geranium × magnificum* sorgen dunkle Adern für ein filigranes Muster.

Die *Helenium*-Sorte 'Rubinzwerg' hat besonders leuchtende rubinrote Blüten, die Bienen und Schmetterlinge anlocken.

Eryngium yuccifolium

Yuccablättriges Mannstreu, Palmlilien-Edeldistel

STANDORT: Benötigt volle Sonne und einen frischen, kalkhaltigen, nicht zu trockenen Boden
HÖHE: 50–150 cm
BLÜTE: VII–IX, grün-weißliche, eiförmige Blütenstände, eine gute Schmetterlingswiese, Apiaceae
BESONDERHEITEN: Die Pflanze hat ein stacheliges Äußeres, verzweigte Stängel und längliche yuccaartige Blätter. Sie ist vom Frühjahr bis zum Winter attraktiv. Von Schnecken wird das Yuccablättrige Mannstreu verschmäht, ist aber eine gute Bienen- und Insektenweide. Wunderschön mit silbergrauer, niedrigerer Unterpflanzung wie Perlkörbchen oder Gräsern. Gerüststaude.

Geranium x *magnificum*

Prächtiger Storchschnabel

STANDORT: frisch und durchlässig, sonnig bis halbschattig
HÖHE: 50 cm
BLÜTE: V–VI, violett-blaue Schalenblüten mit dunklen Adern durchzogen, Insektenmagnet, Asteraceae
BESONDERHEITEN: Die Blätter sind stumpfgrün und rundlich gelappt, die Oberfläche ist rau und behaart, der Wuchs ist horstartig. Ich verwende diesen Storchschnabel sehr gerne im Natur-Präriegarten in Verbindung mit Hemerocallis 'Maikönigin', dem Großen Wald-Windröschen (*Anemone sylvestris*), farblich unterschiedlichen Akeleien (*Aquilegia vulgaris*), verschiedenen Sorten von Orientalischem Mohn (*Papaver orientale*) und Allium 'Mount Everest'.

Helenium

Sonnenbraut

STANDORT: Benötigt einen sonnigen Platz und normalen bis feuchten Gartenboden, je nach Sorte
HÖHE: 60–175 cm
BLÜTE: VI–IX, Blüten in Gelb, Orange, Braun, Rot und mehrfarbig, die Röhrenblüten in der Mitte sind braun, sehr lange Blütezeit und schöne Fruchtstände, Insektenmagnet, Asteraceae
BESONDERHEITEN: Die Fruchtstände bleiben über den Winter an der Pflanze und sind bei Vögeln be-

gehrt. Meine bevorzugte Sorte ist die etwas niedrigere 'Rubinzwerg' mit einer Höhe von 80 cm und einer wundervollen tiefrubinroten Färbung, die mitunter am Rand gelb meliert ist. Pflanzpartner kann z.B. das kleine Lampenputzergras 'Hameln' sein, das die Pflanze mit den Blütenköpfen umspielt. Begleitstaude, höhere Sorten sind Gerüststauden.

Heliopsis helianthoides
Sonnenauge

STANDORT: Sonnig bei normalem bis feuchtem, humosem Boden, verträgt aber auch Trockenheit
HÖHE: 80–160 cm
BLÜTE: VII–IX, gelbe bis orange Blütenköpfe, lange Blühzeit, Insektenmagnet, Asteraceae
BESONDERHEITEN: Insgesamt sehr borstig mit stabilen, leicht holzigen Stängeln. Wunderschöne Sorten sind 'Venus' sowie meine Lieblingssorte 'Summer Nights', mit einer Höhe von 120 cm und einer Breite von 80 cm, mit einer wundervollen dunklen Blütenmitte und rötlichen Stängeln. Pflanzenpartner können Rutenhirse oder auch der Wiesen-Ehrenpreis 'Schneeriesin' sein. Gerüststaude.

Hesperis matronalis
Nachtviole

STANDORT: Benötigt einen sonnigen bis halbschattigen Standort und durchlässigen Boden
HÖHE: 60–70 cm
BLÜTE: V–VI, violette, schalenförmige Blüten in Dolden, abends duftend, Insektenmagnet, Insektenweide, Brassicaceae
BESONDERHEITEN: Die Blätter sind mattgrün,

OBEN Die blühende *Heliopsis helianthoides* ist eine Schönheit.
MITTE Mit ihrem Duft lockt die Nachtviole abends Insekten an.
UNTEN Die Rispen der Prachtscharte blühen von oben nach unten ab.

Zu den typischten Vertretern von Natur-Präriegärten zählt die Indianernessel (*Monarda didyma*).

Die volle Schönheit des sommerblühenden Prärieampfers kommt in Gruppenpflanzungen zur Geltung.

lanzettlich, gesägt und fein behaart. Die heimische Wildpflanze ist eine gute Nektar- und Pollenpflanze. Zu empfehlen ist auch die weiße Sorte 'Alba', die in der Dämmerung fantastisch leuchtet.

Liatris spicata

Ährige Prachtscharte

STANDORT: Liebt einen sonnigen bis halbschattigen Standort und einen normalen bis trockenen Boden, der die Feuchtigkeit hält
HÖHE: 60–110 cm
BLÜTE: VII–VIII, weiße bis purpurviolette Röhrenblüten, ährige Blütenstände, die von oben nach unten aufblühen, Insektenweide für Schmetterlinge und Bienen, Asteraceae
BESONDERHEITEN: Standhafte Blütenstände bis in den Winter, die Blätter sind schmal und grasartig. Die Ährige Prachtscharte wächst in Nordamerika zwischen 50 und 1.700 m Meereshöhe. Schöne Sorten sind 'Floristen Weiß' und 'Kobold'. Die Staude harmoniert gut mit Mexikanischem Federgras und Rotem Sonnenhut (*Echinacea purpurea*). Aspektstaude.

Monarda didyma

Indianernessel, Goldmelisse, Scharlach-Monarde

STANDORT: Benötigt volle Sonne bis Halbschatten und einen frischen, durchlässigen, normalen Boden
HÖHE: 50–150 cm
BLÜTE: V–VII, Blütenquirle mit 30 roten Hochblättern, Blüten duften nach Zitrone, Bienenweide, Lamiaceae
BESONDERHEITEN: Die Stängel sind aufrecht und vierkantig, die gegenständigen Laubblätter einfach, kurz gestielt und rau. Blüten und Blätter sind essbar. Die Indianernessel wächst kreisförmig nach außen und bildet eine kahle Mitte. Sie bildet Ausläufer und »wandert« so durchs Beet. Die Sorte 'Squaw' wird 120–140 cm hoch, 'Jacob Cline' erreicht 100–120 cm. Wunderschöne Pflanzenbilder ergeben sich in Kombination mit Gräsern. Aspektstaude.

Parthenium integrifolium

Prärieampfer, Wildes Chinin

STANDORT: Benötigt einen sonnigen bis halbschattigen Standort, normaler bis feuchter, lehmiger und kalkhaltiger Boden, verträgt viel Trockenheit.

Rudbeckia stammt aus Nordamerika. Es gibt zahlreiche Sorten, die gelbblühende Art ist aber besonders schön.

Phlox ist eine klassische Bauerngartenpflanze, passt aber ebenso gut in naturnahe Präriepflanzungen.

HÖHE: 80–100 cm
BLÜTE: V–VII, weiße Blüten mit trugdoldenartigen, luftigen Schirmen, Insektenweide, Asteraceae
BESONDERHEITEN: Länglich ovale, dunkelgrüne Blätter mit einer leichten Zahnung. Der Prärieampfer ist sehr langlebig und ergänzt sich wunderbar mit Rutenhirse. Gerüststaude.

Penstemon
Bartfaden

STANDORT: Bevorzugt sonnigen Platz bei gut durchlässigem, nicht zu feuchtem Boden
HÖHE: Je nach Sorte zwischen 30 cm und 100 cm
BLÜTE: V–VIII, Blüten in endständigen Rispen oder Trauben. Fünf Kelchblätter an der Basis verwachsen, unterschiedlich gefärbte Blüten von Weiß bis Lila, Insektenweide, Scrophulariaceae
BESONDERHEITEN: Die Sorte *Penstemon digitalis* 'Husker's Red' ist mit ihrem bronze-purpurfarbenem wintergrünen Laub sehr dekorativ. Bartfaden harmoniert gut mit Gräsern, z.B. dem Tautropfengras 'Cloud', die die abgeblühten Blüten umspielen.

Phlox amplifolia
Phlox

STANDORT:
HÖHE: 40–60 cm
BLÜTE: VI–IX, schalenförmige rosa Blüten mit roter Mitte, der verzweigte Blütenstand steht aufrecht, Rosaceae
BESONDERHEITEN: *Phlox amplifolia* breitet sich durch kurze Ausläufer langsam aus und bildet dichte, große Horste. Das Laub dieser romantischen Prachtstaude ist grün und eiförmig geformt. Die Staude eignet sich hervorragend für Gehölzränder und kann einzeln oder in kleinen Tuffs bis drei Stauden gepflanzt werden.

Rudbeckia
Sonnenhut

STANDORT: Benötigt einen sonnigen bis halbschattigen Platz und trockenen bis normalen, mageren bis fruchtbaren und feuchtigkeitshaltenden Boden
HÖHE: 100–140 cm
BLÜTE: VIII-X, 6–10 gelbe, strahlenförmige Blüten mit schwarzer Mitte, Asteraceae
BESONDERHEITEN: Es gibt zahlreiche Arten und Sorten in der Gattung *Rudbeckia*. Eine der bekann-

Solidago caesia blüht mit langen, schmalen Rispen an denen die goldgelben Blüten wie Perlen aufgereiht sind.

Die zarte Erscheinung der Blüten von *Veronicastrum* steht im Gegensatz zur Robustheit der Pflanze. Sie ist anspruchslos.

testen Arten in unseren Gärten ist der Leuchtende Sonnenhut (*Rudbeckia fulgida*) mit seinen leuchtend gelben Blüten. Viele Rudbeckien bringen mit ihren abgestorbenen Blütenständen im Winter Strukturen in die Beete, die Samen dienen Vögeln als Nahrungsquelle. Ein Rückschnitt ist erst im zeitigen Frühjahr empfehlenswert.

Solidago rugosa

Raue Goldrute

STANDORT: Benötigt einen sonnigen bis halbschattigen Platz und trockenen bis normalen, mageren bis fruchtbaren und feuchtigkeitshaltenden Boden
HÖHE: 100–140 cm
BLÜTE: VI–X, 6–10 gelbe Blütenköpfe in schmalen, langen, traubenförmigen Rispen, Asteraceae
BESONDERHEITEN: Breite, lanzettliche, hellgrüne, behaarte Blätter. Meine Lieblings-Goldrutenart ist *Solidago caesia*, die bogenförmige Zweige mit unzähligen Blütenrispen in Ockergelb hervorbringt und mit ihren purpurfarbenen Stängeln eine elegante Erscheinung ist. Sie blüht von August bis Oktober und wird etwa 80 cm hoch. Die Art bereichert den Herbstgarten. Gerüststaude, Begleitstaude.

Veronicastrum

Kandelaber-Ehrenpreis

STANDORT:
HÖHE: 40–60 cm
BLÜTE: VI–IX, schalenförmige rosa Blüten mit roter Mitte, der verzweigte Blütenstand steht aufrecht, Rosaceae
BESONDERHEITEN: Die Blätter sind dunkelgrün und unterseits behaart, die unteren Blätter bilden eine Rosette. 'Miss Willmott' kann als Bodendecker verwendet werden. Die Sorte sieht wunderschön aus im Verbund mit *Geranium wallichianum* 'Rozanne' oder auch mit Gräsern wie dem Tautropfengras (*Sporobolus heterolepis*).

Schmetterlinge und ihre Raupen

Die bunten zarten Geschöpfe ziehen jeden Betrachter in ihren Bann. Man muss ihnen einfach zuschauen. Geben wir ihnen in unseren Gärten ein Zuhause.

Einen Garten ohne Schmetterlinge kann ich mir nicht vorstellen. Leider werden die zarten Gestalten bei uns immer seltener. Mittlerweile stehen über 60 % der heimischen Falter auf der Roten Liste der bedrohten Tierarten.

Die Ursache: Lebensräume werden zerstört und immer noch viel zu viele synthetische Pestizide ausgebracht, auch in unseren Gärten. Immer noch gibt es Gärten, in denen »gut gepflegte« Rasenflächen dominieren und die dabei doch oft sehr trist wirken.

Schmetterlinge fördern

Es gibt Schmetterlingsarten, für die wir in unseren Gärten nichts tun können, da sie so spezialisiert sind. Der Ameisen-Bläuling zählt dazu. Er benötigt einen speziellen Lebensraum, denn der Schmetterling braucht für sein Überleben den Großen Wiesenknopf (*Sanguisorba officinalis*) und besondere Wirtsameisen. Aber auch weniger anspruchsvolle Arten werden immer seltener. Wir können sie mit speziellen Maßnahmen in unseren Gärten fördern.

Wer seinen Garten in einen Natur-Präriegarten umwandelt, wird in kürzester Zeit etliche unterschiedliche Schmetterlinge begrüßen können. Hier kommt es auf Pflanzen an, die den unterschiedlichen Falterarten als Ablageort für ihre Eier dienen, den sogenannten Raupenfutterpflanzen. Die einzigartige Verwandlung der Schmetterlinge ist einfach wundervoll, kann aber nur vollzogen werden, wenn wir sie im Garten zulassen und auch die Raupen akzeptieren. Bereits im Frühjahr kann man dann beobachten, wie die überwinternden Tagfalter, z.B. Zitronenfalter, C-Falter, Großer- und Kleiner Fuchs, Admiral und Tagpfauenauge, Nektarpflanzen wie die einjährige Taubnessel (*Lamium*

METAMORPHOSE

Um zu einem wunderschönen geflügelten Kunstwerk zu werden, durchlaufen Schmetterlinge und viele andere Insekten in ihrer Entwicklung vier Stadien: Ei, Larve (auch Raupe), Puppe und Imago (das ausgewachsene Tier). Es ist eine vollkommene Verwandlung mit völlig unterschiedlich aussehenden Stadien.

OBEN Während die Raupen des Tagpfauenauges hoch spezialisiert sind, geben sich die Falter nicht so wählerisch. Mehr als 200 Nektarpflanzen wurden registriert.

LINKS An Wildarten von *Centaurea* sitzen gerne Schmetterlinge, um sich Nahrung zu holen.

purpureaum), Primeln (*Primula juliae*), die Kaukasische Gänsekresse (*Arabis caucascia*) und frühblühende Zwiebelblüher wie Winterlinge, Wildkrokusse und frühe Wildtulpen aufsuchen. Aber auch frühblühende heimische Gehölze, unter anderem Obstgehölze oder heimische Hecken, bereichern einen Garten für Schmetterlinge.

Schmetterlingsspirale

Im laufenden Jahr ist es wichtig, genügend Nektarpflanzen bereitzustellen. Das kann man mit einer Schmetterlingsspirale, die mit speziellen Pflanzen ausgestattet ist, erreichen. So eine Spirale wird genauso gebaut wie eine Kräuterspirale. Im Internet gibt es gute Anleitungen dazu unter www.futtergarten.de. Gestalten Sie Ihren Garten so naturnah und blütenreich wie möglich, damit sich Schmetterlinge auch bei Ihnen im Garten wohlfühlen.

Die Pflanzen für eine Schmetterlingsspirale sind eine Mischung aus Raupenfutterpflanzen und Saugpflanzen für Falter, die bereits ausgewachsen sind.

PFLANZE	FALTER	ANMERKUNG
Dill (*Anethum graveolens*)	Schwalbenschwanz (*Papilio machaon*)	Ebenso kann man andere Doldenblütler verwenden wie Wilde Möhre (*Daucus carota*) oder Fenchel (*Foeniculum vulgare*)
Dost (*Origanum vulgare*)	Für viele Arten, die den Garten besuchen	Dost ist eine wichtige Falter-Saugpflanze im Sommer.
Hornklee (*Lotus corniculatus*)	Hauhechel-Bläuling (*Polyommatus icarus*)	Wichtige Pflanze für Eier und Raupen einiger Bläulinge
Knoblauchsrauke (*Alliaria petiolata*)	Aurorafalter (*Anthocharis cardamines*)	Eier und Raupen kann man gut beobachten. Blätter als Salat genießbar
Kohl (*Brassica oleracea*)	Kleiner- und Großer Kohlweißling (*Pieris rapae, Pieris brassicae*)	Kohlpflanzen wie Broccoli, Weiß- und Rotkohl, Blumenkohl; Eier und Raupen sind sehr gut zu beobachten.
Lavendel (*Lavandula*)	Für viele Arten, die den Garten besuchen	Attraktive Saugpflanze
Moschusmalve (*Malva moschata*)	Malven-Dickkopffalter (*Erynnis tages*)	Man findet Eier und Raupen in Blatttüten.
Natternkopf (*Echium vulgare*)	Für viele Arten, die den Garten besuchen	Saugpflanze, wird hoch, bitte nach oben pflanzen
Rotklee (*Trifolium pratense*)	Rotklee-Bläuling (*Polyommatus semiargus*)	Futterpflanze und Eiablagepflanze
Schnee-Heide (*Erica carnea*)	Für mehrere Arten	Für überwinternde Falter wichtig, blüht im Winter
Stockrose (*Alcea rosea*)	Malven-Dickkopffalter (*Erynnis tages*)	Man findet Eier und Raupen in Blatttüten.

Raupenfutterpflanzen

› Die Brennnessel ist die wichtigste Raupenfutterpflanze für Tagfalter, vor allem Edelfalter benötigen sie. Kleiner Fuchs, Tagpfauenauge, Admiral und Landkärtchen leben ausschließlich auf der Brennnessel, und auch für den C-Falter spielt die Brennnessel trotz weiterer Futterpflanzen eine große Rolle. Die Raupe des Distelfalters kann sich anstelle von Disteln auch von Brennnesseln ernähren.

› Schmetterlingsblütler sind für viele Bläulinge und Gelblinge wie z.B. Weißklee-Gelbling, Hauhechel-Bläuling, Rotklee-Bläuling und Alexis-Bläuling von Bedeutung.

› Sauerampfer und Wiesenknöterich sind die Raupenfutterpflanzen der Feuerfalter, die fast alle an verschiedenen Ampferarten leben. Großer Feuerfalter, Kleiner Feuerfalter, Blauschillernder Feuerfalter, Violetter Feuerfalter fressen an Großem und Kleinem Sauerampfer. Der Große Feuerfalter lebt fast nur am Riesen-Sauerampfer.

› Kreuzblütler sind hauptsächlich die Raupennahrung für viele Weißlinge, Kohlweißling, Grünader-Weißling, Aurorafalter.

› Die Raupe des Aurorafalters ernährt sich fast ausschließlich von Fruchtständen, z.B. von der Knoblauchsrauke, die Raupen des Grünader-Weißlings

LINKS Mindestens genauso schön wie der Falter ist die Raupe vom Schwalbenschwanz.
RECHTS Verschiedene Schmetterlingsarten, z. B. Bläulinge, sind am Gewöhnlichen Hornklee anzutreffen.

leben von den Blättern der gleichen Pflanze. Der Große Kohlweißling bevorzugt die Kapuzinerkresse.

› Die Schlehe ist Raupennahrung für Zipfelfalter, Segelfalter und Baumweißling.
› Wegerich, Ehrenpreis und Baldrian dienen dem Scheckenfalter als Nahrung.
› Gewöhnlicher Teufelsabbiss (*Succisa pratensis*) ist für den Goldenen Scheckenfalter wichtig.
› Gräser sind Raupennahrung für Augenfalter wie Schachbrett, Schornsteinfeger, Wiesenvögelchen.
› Doldenblütler wie Wilde Möhre, Fenchel, Gartenmöhre und Dill sind wichtig für den Schwalbenschwanz.
› Die Raupen von fast allen Perlmutterfaltern fressen nur an Veilchenblättern. Ackerstiefmütterchen sind die bevorzugte Raupenfutterpflanze für den Kleinen Perlmutterfalter.

Lotus corniculatus

Gewöhnlicher Hornklee

STANDORT: Benötigt einen sonnigen Standort bei sandig bis lehmigen, mäßig trockenen bis mäßig feuchten Böden, kalkliebend
HÖHE: 30–50 cm
BLÜTE: V–IX, gelbe Schmetterlingsblüten in Dolden angelegt, Fabaceae
BESONDERHEITEN: Grüne, fieberblättrige Blätter. Der Gewöhnliche Hornklee ist wintergrün und vermehrt sich durch Selbstaussaat. Er ist eine wertvolle Raupenfutterpflanze für viele Bläulinge.

Onobrychis viciifolia
Futter-Esparsette

STANDORT: Benötigt einen sonnigen Standort auf lehmigen, frischen bis feuchten Böden, kalkliebend
HÖHE: 30–60 cm
BLÜTE: V–VII, rosa Schmetterlingsblüten in Trauben, Fabaceae
BESONDERHEITEN: Die Esparsette wächst aufrecht, sie entwickelt grüne, eiförmig-lanzettliche Blätter. Sie ist eine Nektar- und Pollenpflanze für Bläulinge und Weißlinge.

Urtica dioica
Brennnessel

STANDORT: Benötigt einen sandigen bis nährstoffreichen Boden in Sonne oder Halbschatten. Stickstoffanzeiger
HÖHE: 50–100 cm
BLÜTE: VI–X, unscheinbare Rispenblüte in grünlich weiß, Urticaceae
BESONDERHEITEN: Die Blätter sind auf der Oberseite belegt mit Brennhaaren. Die Brennnessel ist eine sehr wertvolle Raupenfutterpflanze für mehrere Falter.

Die zarte *Onobrychis viciifolia* sollte allein schon wegen ihrer hübschen Blüten viel häufiger im Natur-Präriegarten wachsen.

Schon ganz früh im Jahr ist *Viola odorata* für Ameisen, Bienen und Raupen eine gefundene Nahrungsquelle.

Der Kleine Sauerampfer wird viel zu sehr als Unkraut verschmäht, ist aber eine gute Futterpflanze für Falter.

Viola odorata
Duftveilchen

STANDORT: Liebt sonnige bis halbschattige Plätze und sandigen bis lehmigen, mäßig trockenen bis feuchten, nährstoffreichen Boden
HÖHE: 5–15 cm
BLÜTE: III–IV, violette, weiße und rosa Blüten als Einzelblüten, intensiver Duft, Violaceae
BESONDERHEITEN: Das Duftveilchen hat eiförmige bis nierenförmige grüne Blätter und überwintert als wintergrüne Rosette. Wichtige Raupenfutterpflanze für den Kaisermantel.

Rumex acetosella
Kleiner Sauerampfer

STANDORT: Liebt einen sonnigen Standort und einen sandigen, nährstoffarmen Boden
HÖHE: 20–30 cm
BLÜTE: V–VII, rote Rispenblüten, Polygonaceae
BESONDERHEITEN: Der Kleine Sauerampfer ist wintergrün und bildet Ausläufer. Alle oberirdischen Teile sind essbar. *Rumex acetosella* ist eine Futterpflanze für den Großen und Kleinen Feuerfalter, den Blauschillernden Feuerfalter und den Violetten Feuerfalter.

Alliaria petiolata
Knoblauchsrauke

STANDORT: Bevorzugt halbschattige bis schattige Standorte, auf durchlässigen, nährstoffreichen Böden
HÖHE: 20–100 cm
BLÜTE: IV–VII, weiße Kronblätter. Insektenmagnet
BESONDERHEITEN: Die Knoblauchsrauke bildet eine tiefe Pfahlwurzel aus, sie ist zwei- oder mehrjährig, vermehrt sich durch Selbstaussaat. Raupenfutterpflanze.

Gräser für normale Standorte

Für normale Gartenböden Gräser zu finden, ist nicht schwer. Die Auswahl kann sich sehen lassen.

Zarte Gräser und leuchtende Blütenstauden miteinander zu kombinieren, ist das Merkmal des Präriegartens. Dabei vermitteln Gräser nicht nur Leichtigkeit und Weite, sie können besonders auch im Herbst mit hübschen Blattfärbungen aufwarten. Je nachdem ob die Farbenpracht oder das Gräsermeer im Fokus Ihrer Bepflanzung stehen soll, wird die Menge an Gräsern berechnet.
Die meisten der vorgestellten niedrigen Gräser treiben spät aus und sind sehr gut mit Frühlingsgeophyten zu kombinieren.

Calamagrostis brachytricha

Diamant-Reitgras

STANDORT: Benötigt einen sonnigen Standort und einen frischen Boden
HÖHE: 60–100 cm
BLÜTE: VIII–IX, rispenartige Blüten auf zarten Stängeln, schöner Fruchtschmuck, Poaceae
BESONDERHEITEN: Das Diamant-Reitgras hat graugrüne Blätter und ist im Wuchs leicht gebogen. Es passt gut auf Freiflächen mit Wildstaudencharakter und für den Gehölzrand. Das Gras versamt sich.

Calamagrostis × acutiflora 'Waldenbuch'

Garten-Reitgras

STANDORT: Liebt einen sonnigen bis leicht halbschattigen Standort auf frischen, gut durchlässigen Böden
HÖHE: 80–130 cm
BLÜTE: VI–VIII, straff aufrecht stehende, weit gefächerte Blütenrispen in gelblichem Silber, Poaceae
BESONDERHEITEN: Das Laub ist grün, eine Herbstfärbung gibt es nicht. Das Gras ist aber an sich schon sehr attraktiv und imposant. 'Waldenbuch' ist meine Lieblingssorte. Andere Sorten wie 'Karl Foerster' sind ebenfalls zu empfehlen.

RECHTS Wie unzählige Diamanten glitzern die dicht an dicht aneinandergereihten Blüten von *Calamagrostis brachytricha* im Morgenlicht, von Tau überzogen oder nach einem Regenschauer.

Der Name ist Programm bei *Imperata cylindrica* 'Red Baron'. Blüten braucht es da nicht, um auf sich aufmerksam zu machen.

Die Graulaubige Riesen-Rutenhirse überragt beinahe alles und kommt am besten als Solitär zur Geltung.

Imperata cylindrica 'Red Baron'

Japanisches Blutgras

STANDORT: Benötigt einen sonnigen Standort und einen frischen Boden
HÖHE: 30–40 cm
BLÜTE: Keine Blüte, Poaceae
BESONDERHEITEN: Das Japanische Blutgras entwickelt keine Blüten. Die Blätter werden zuerst an der Spitze rot, dann verfärbt sich nach und nach das ganze Blatt. Das Gras treibt spät aus und vermehrt sich durch kurze Ausläufer. In kalten Gegenden wird Winterschutz benötigt. Sehr schön als Unterpflanzung von aufgeasteten Gehölzen und auf Freiflächen mit Wildstaudencharakter.

Panicum virgatum 'Cloud Nine'

Graulaubige Riesen-Rutenhirse

STANDORT: Benötigt einen sonnigen Standort auf frischem Boden
HÖHE: 1,8–2,4 m
BLÜTE: VI–VII, blaugrüne Blütenähren, Poaceae
BESONDERHEITEN: Das blaugrün gefärbte Laub wird im Herbst gelblich. Das Gras wächst horstartig und trichterförmig. Die Graulaubige Riesen-Rutenhirse wirkt sehr gut als Solitär und kann gut mit mittelhohen Stauden wie der Glatten Aster 'Caliope' (*Aster laevis*) oder dem Kandelaber-Ehrenpreis (*Veronicastrum virginicum*) sowie dem Bleichen Sonnenhut (*Echinacea pallida*) kombiniert werden. Warm-Season-Gras.

Schizachyrium scoparium hat beinahe eine meditative Wirkung und bringt Ruhe in eine bunt gemischte Präriepflanzung.

Tautropfengräser dienen in naturnahen Steppenpflanzungen und Präriegärten als ganzjährig zierende Matrix.

Schizachyrium scoparium

Kleines Präriegras

STANDORT: Benötigt einen sonnigen Standort, der Boden sollte frisch und durchlässig sein. Benötigt bei längerer Trockenheit Wasser
HÖHE: 80–100 cm
BLÜTE: VI–VIII, silbergraue Blüten in Ähren angeordnet, Poaceae
BESONDERHEITEN: Ein Blickfang im Herbstgarten, vor allem weil sich die graugrünen Blätter im Herbst in ein leuchtendes Rotbraun bis Rot verfärben. Wunderschön in Kombination mit *Aster laevis* oder auch mit *Salvia azurea* 'Grandiflora'. Besondere Sorten sind 'Ha Ha Tonka' und 'Glaucum'.

Sporobolus heterolepis

Prärie-Tautropfengras

STANDORT: Bevorzugt einen warmen, sonnigen Standort auf feuchten bis trockenen Böden
HÖHE: 40–70 cm
BLÜTE: VIII–IX, silbrig-braune Blütenrispen, Blüten duften bei Sonnenschein nach Koriander, Poaceae
BESONDERHEITEN: Das Prärie-Tautropfengras ist sehr standfest und zeichnet sich durch eine wunderschöne Herbstfärbung aus. Das Gras kommt in einer flächigen Bepflanzung im Präriebeet gut zur Geltung. Mein Favorit ist die Sorte 'Cloud', die ich sehr gerne mit dunkellaubigen Stauden wie *Penstemon digitalis* 'Husker's Red' oder *Sedum telephium* 'Herbstfreude' kombiniere.

Wildstauden für normale Standorte

Ein bisschen »wild« geht immer, zumal unsere heimischen Wildstauden wahre Schätze sind: Sie sind oftmals bescheiden und genügsam und trumpfen dennoch mit hübschen Blüten und dekorativem Wuchs auf.

Achillea millefolium

Schafgarbe

STANDORT: Bevorzugt einen sonnigen Platz auf frischem, durchlässigem, humusreichem, mäßig sauerem bis neutralem Boden
HÖHE: 30–50 cm
BLÜTE: VI–VIII, schneeweiße Blüten in Dolden, insektenfreundliche Pflanze, Asteraceae
BESONDERHEITEN: Die fiederteiligen, filigranen Blätter duften aromatisch. Die Schafgarbe zieht im Winter ein. Sie verbreitet sich durch Ausläufer.

Aquilegia vulgaris

Kurzspornige Akelei

STANDORT: Benötigt absonnige bis halbschattige Plätze und eher nährstoffarme, durchlässige Böden
HÖHE: 30–70 cm
BLÜTE: IV–VI, glockenförmige Blüten in Blauviolett an langen Stängeln, Ranunculaceae
BESONDERHEITEN: Die Kurzspornige Akelei ist eine sehr unkomplizierte Pflanze. Sie zieht im Winter ein. Es gibt viele Sorten in unterschiedlichen Farben.

Digitalis grandiflora

Großblütiger Fingerhut

STANDORT: Bevorzugt durchlässigen, normalen Boden in Sonne bis Halbschatten
HÖHE: 60–120 cm
BLÜTE: VI–VIII, gelbe, große, rachenförmige Blüten, traubenförmiger Blütenstand, gute Bienenweide, besonders gerne von Hummeln besucht, Giftpflanze, Scrophulariaceae
BESONDERHEITEN: Die dunkelgrün gefärbten Blätter sind länglich zugespitzt und leicht gezähnt. Zuerst wächst die grundständige Blattrosette, im Frühjahr zeigt sich dann der Blütenstängel.

Hepatica nobilis

Gewöhnliches Leberblümchen

STANDORT: Bevorzugt einen halbschattigen bis schattigen Platz auf normalem Gartenboden
HÖHE: 10 cm
BLÜTE: III–IV, ungefüllte, hellblaue Blüten, die vor den Blättern erscheinen, gute Bienenweide, Giftpflanze, Ranunculaceae

BESONDERHEITEN: Die dreilappigen Blätter erinnern an die menschliche Leber, was dem Leberblümchen seinen Namen eingebracht hat. Die Staude ist auch ein schöner Blattschmuck und eignet sich gut zur Unterpflanzung von Gehölzen. Ein weiterer Pluspunkt: Das Leberblümchen ist schneckenunempfindlich.

Inula ensifolia

Schwertblättriger Alant

STANDORT: Bevorzugt einen sonnigen Standort, verträgt Trockenheit sehr gut, braucht durchlässige, nicht zu nährstoffarme Böden
HÖHE: 30–40 cm
BLÜTE: VII–VIII, leuchtend gelbe, strahlenförmig angeordnete Blüten, gute Bienenweide, Asteraceae
BESONDERHEITEN: Die Blätter sind lineal, zugespitzt und wirken etwas derb. Die Staude zieht im Winter ein. Sie ist sehr pflegeleicht und passt gut zu Glockenblumen und kleinen Herbst-Astern.

Lithospermum purpurocaeruleum

Purpurblauer Steinsame

STANDORT: Wächst gut in Sonne und Halbschatten, bevorzugt leicht trockene bis frische, nährstoffreiche, kalkreiche Böden
HÖHE: 25–30 cm
BLÜTE: IV–VI, im Aufblühen purpur, später blau, sehr gute Bienenweide, Boraginaceae
BESONDERHEITEN: Die Blätter sind schmal lanzettlich. Dieser Steinsame eignet sich hervorragend für den Gehölzrand. Er ist robust und breitet sich durch die bogigen Absenker flächig aus.

OBEN *Achillea millefolium* ist eine sehr bekannte Wildstaude.
MITTE Die Blüten von *Inula ensifolia* ähneln gelben Sternchen.
UNTEN Purpurblauer Steinsame schafft mit seinen überhängenden Blättern weiche Übergänge zwischen den Pflanzen.

Garten im Wind

Ein Vorgarten in Schleswig-Holstein – ungeschützt im Wind mit einem fantastischen Blick über Wiesen, Felder und Knick.

Dieser Vorgarten liegt im Östlichen Hügelland in Schleswig-Holstein. Hier waren über Jahre viele Gehölze und Bäume auf einem schweren Lehmboden gewachsen. Nach eingehender Beratung entschied man sich, die Fläche bis auf einen Goldregenbaum zu roden und alle Pflanzen zu entfernen. Eine große Buche blieb selbstverständlich stehen und überhaupt waren auf dem gesamten Grundstück um das Haus herum durch die gewachsenen und unter Naturschutz stehenden Knicks viele Gehölze vorhanden. Fast die gesamte Länge des Beetes war durch das Haus von Osten her geschützt.
Der schwere Lehmboden wurde um 20 cm abgetragen und 10 cm Sand in die Lehmschicht eingearbeitet. Danach wurde eine 10 cm starke Oberschicht aus 2/8 mm Kiesel aufgetragen. Jeweils eine Terrasse begrenzte den Gartenweg, der die große Fläche teilte und im Halbrund durch den Garten lief. So entstanden

Sanguisorba bringt in dieser Bepflanzung Farbe und Leichtigkeit ins Spiel.

zwei Beete von 200 m², die farblich nicht abgegrenzt waren. Der Weg wurde mit groben Kiesel (16/32 mm) abgedeckt.

Als Stauden verwendete ich Kandelaber-Ehrenpreis, *Helenium*, Kerzenknöterich, Breitblättrigen Phlox, Doldenglockenblume, Schönaster, Sonnenbraut. Sonnenhut in Weiß und Rosa pflanzte ich in großen Gruppen und teilweise in Bändern. Auch Stauden wie Sterndolde, Wiesenknopf, *Hemerocallis* und Astern fanden einen Platz. Aspektstauden waren Knautie, Wiesenskabiose und Indianernessel 'Jacob Cline'. Besonders angetan bin ich immer wieder von der Kombination Storchschnabel 'Rozanne' mit Fingerkraut 'Miss Willmott'. Weitere Bodendecker sind Katzenminze 'Walker's Low', Nelkenwurz in unterschiedlichen Gelb- und Rottönen, Küchenschelle und als Gras Japanwaldgras und *Sporobolus heterolepis* 'Cloud'. Gräser wie Rutenhirse und Reitgras 'Karl Foerster', Chinawiesenraute und Staudensonnenblume 'Lemon Queen' bilden das Gerüst der Pflanzung.

Im Herbst kamen dann noch die Blumenzwiebeln ins Beet, die im Frühling das Gartenjahr einläuten. So entstand ein wundervoller Vorgarten.

OBEN: *Echinacea* blüht hier in größeren Gruppen, was ein schönes Bild ergibt.

UNTEN: Der Weg schlängelt sich zum Haus hinauf.

Gehölze für normale Standorte

Auch wenn der Gehölzanteil im Präriegarten sehr gering ist, so kann der eine oder andere Strauch für einen schönen Gesamteindruck sorgen.

Es stellt sich schon die Frage, warum Prärielandschaften beinahe baumlos sind. Der Grund dafür liegt wohl zum einen darin, dass die frühere Beweidung keine Sträucher und Bäume aufkommen ließ. Zum anderen sind wahrscheinlich die immer wieder auftretenden Feuer die Ursache dafür. Sie versorgen auf natürliche Weise über die Asche die Pflanzen mit Nährstoffen. Gräser und Stauden verbrennen oberirdisch, treiben dann aber wieder aus (siehe Seite 127). Gehölzschösslinge haben dabei aber kaum eine Chance. Dennoch bereichert der eine oder andere Strauch in unseren Gefilden das Präriegartenbeet.

Cerscis canadensis
Kanadischer Judasbaum

STANDORT: Benötigt einen normalen, durchlässigen Gartenboden in Sonne bis Halbschatten
HÖHE: 6–8 m
BLÜTE: IV–V, zartrosa bis purpurrosa Blüten, direkt an Ästen und Zweigen sitzend, Caesalpiniaceae
BESONDERHEITEN: Die herzförmigen Blätter erscheinen direkt nach der Blüte, aus der sich ledrige braune bis rotbraune Fruchthülsen entwickeln.

Elaeagnus angustifolia
Schmalblättrige Ölweide

STANDORT: Benötigt einen normalen, durchlässigen Gartenboden in der Sonne, sehr hitzeverträglich
HÖHE: 6–8 m
BLÜTE: V–VI, silbrige Blüten, innen gelb, Duftpflanze, Elaeagnaceae
BESONDERHEITEN: Nach der Blüte entwickeln sich die kugeligen, gelben, essbaren und süßlich schmeckenden Früchte. Das Laub ist graugrün, unterseits silberschuppig. Nach dem Anwachsen sollte nicht mehr gewässert werden. Man kann die Schmalblättrige Ölweide auch als Sichtschutz und als Hecke verwenden.

Mespilus germanica
Echte Mispel

STANDORT: Benötigt einen normalen Gartenboden in Sonne oder Halbschatten
HÖHE: 2–6 m
BLÜTE: IV–VI, große weiße Blüten, Rosaceae
BESONDERHEITEN: Die Früchte sind goldbraun, rund, rau und mit einem sehr großen offenen Kelch und

Cercis canadensis zählt zu den wenigen Gehölzen mit Stammblütigkeit, deren Blüten direkt aus dem Holz treiben.

Die Hängende Wildbirne wächst langsam und ziert sich mit wunderschön überhängenden Zweigen.

langen Kelchblättern versehen. Sie können zu Saft oder Gelee verarbeitet werden. Man legt sie vor der Verarbeitung ins Gefrierfach, damit sie weich und süß werden.

Pyrus salicifolia 'Pendula'

Hängende Wildbirne

STANDORT: Benötigt einen frischen bis trockenen, durchlässigen Boden in sonniger Lage
HÖHE: 4–6 m
BLÜTE: IV–V, weiße rippenförmige Blüten, Rosaceae
BESONDERHEITEN: Hübsches graugrünes Laub, ungenießbare olivengroße, birnenförmige Früchte. Die Hängende Wildbirnensorte 'Pendula' ist für kleinere Gärten geeignet.

Rhus typhina 'Tiger Eyes'

Gelbgrüner Essigbaum

STANDORT: Benötigt einen normalen Gartenboden in sonniger Lage
HÖHE: 150–200 cm
BLÜTE: VI–VII, rötliche bis braunrote Blüten in aufrechten Rispen, rote Steinfrüchte mit einer kolbenartigen Form, Anacardiaceae
BESONDERHEITEN: Die Blätter sind nach dem Austrieb grün, verändern dann schnell ihre Blattfarbe je nach Lichteinfall von gelb über braun ins rote Blatt. Das ergibt einen wunderschönen Indian-Summer-Effekt. Diese Sorte treibt nur wenige Ausläufer und zählt zu den Flachwurzlern.

Tamarix parviflora

Kleinblütige Tamarinde, Frühlings-Tamariske

STANDORT: Geeignet in sonniger bis halbschattiger Lage auf magerem Boden
HÖHE: 2–3 m
BLÜTE: V–VI, rosafarbene Blüten in Rispen, erscheinen an den vorjährigen Trieben, Tamaricaceae
BESONDERHEITEN: Die Blätter sind schmal und schuppenartig, im Herbst gelbrot. Das Gehölz ist sehr gut für kleine Gärten oder auch Vorgärten geeignet.

Zwiebelpflanzen für normale Standorte

Welche Beetform Sie auch immer im Garten bevorzugen, Zwiebelblüher sollten nicht fehlen. Und das gilt auch für den Natur-Präriegarten.

Blumenzwiebeln auf einem normalen Boden in voller Sonne und mit einer durchschnittlichen Feuchtigkeit und guter Nährstoffversorgung unterscheiden sich doch in etlichen Punkten von einem trockenen Standort. Ein normaler humoser Gartenboden darf gerne auch aus einem Lehmboden bestehen, muss allerdings wasserdurchlässig sein und keine Staunässe zeigen. Das Spektrum der Zwiebelblumen reicht von A wie *Allium* bis zu T wie Tulpe. Tulpen sind allerdings häufig nicht sehr langlebig. Fosteriana-Tulpen bilden da eine Ausnahme.

Allium 'Mount Everest'

Zierlauch

STANDORT: Bevorzugt einen normalen, durchlässigen Standort in der Sonne

HÖHE: 100–120 cm

BLÜTE: V–VI, reinweiße Blütenbälle mit grünen Stempeln, standfest, später grüne Blütenbälle, die sich zu goldgelben Samenständen verwandeln, Alliaceae

BESONDERHEITEN: 'Mount Everest' zählt zu den besten weißen Zierlauchsorten. Geschickt gepflanzt mit Stauden, die im Mai/Juni schon viel Blattwerk entwickelt haben, wie z.B. Orientalischer Mohn oder der Schönaster 'Madiva', übersieht man die vergehenden Blätter dieser großartigen Sorte. Wunderschöne Sorte, die es lohnt, in kleinen Gruppen zu pflanzen.

Allium christophii

Sternkugel-Lauch

STANDORT: Gut geeignet für steinige, trockene, vollsonnige Beete, z.B. ein Steppenbeet, aber ebenso gut geeignet auf einem frischen Boden in voller Sonne bis absonnig

HÖHE: 40–60 cm

BLÜTE: VI–VII, sternförmige, amethystfarbene Blüten in Kugeln auf niedrigen Stielen von 20–40 cm Höhe, Insektenmagnet, Alliaceae

BESONDERHEITEN: Einer der schönsten und haltbarsten Laucharten in dieser Farbe. Ergänzt durch Bulgarischen Lauch (*Nectaroscordum siculum*) kommt es zu einer dekorativen Farbwiederholung.

OBEN *Allium christophiii* ist mit den Sternenblüten unverkennbar.
UNTEN *Allium* 'Mount Everest' bringt kühles Weiß ins Spiel.

Anemone blanda
Balkan-Anemone

STANDORT: Bevorzugt einen normalen, trockenen bis frischen Boden und einen sonnigen bis schattigen Platz
HÖHE: 15 cm
BLÜTE: III–IV, weiße, blaue oder hellblaue Sternblüten mit gelber Mitte, Insektenmagnet, Ranunculaceae
BESONDERHEITEN: Die Balkan-Anemone vermehrt sich durch Selbstaussaat. Man kann sehr schöne Bilder mit ihr kreieren, z.B. einen »Fluss mit blauem Wasser und weißen Schaumkronen«. Eine schöne Ergänzung im Beet zu *Muscari aucheri* 'Blue Magic', 'White Magic' und 'Ocean Magic'.

Fritillaria imperialis
Kaiserkrone

STANDORT: Benötigt einen gut gedüngten, normalen Boden in sonniger Lage, Sommertrockenheit ist wichtig
HÖHE: 60–100 cm
BLÜTE: IV–V, große Blütenglocken in Gelb, Orange oder Orangerot, Liliaceae
BESONDERHEITEN: Das Laub der Kaiserkrone ist grün oder panaschiert. Die Stängel sind sehr standhaft. Bei einer guten Nährstoffversorgung entwickeln sie sich sehr gut und kommen im darauffolgenden Jahr wundervoll blühend wieder. Wunderschöne Sorten sind 'Lutea' in Gelb, 'Rubra' in Rot und 'Garland Star' in Orange. Eine Sorte mit panaschierten Blättern ist 'Aureomarginata'.

OBEN *Anemone blanda* gehört zu den ersten Blühern im Jahr. Sie verwildert schön und ist recht anspruchslos.

UNTEN *Fritillaria imperialis* entfaltet sich sowohl einzeln als auch in Gruppen gut und bringt ein wenig Exotik in den Garten.

Vor allem in kleinen Gruppen gepflanzt, ist die Türkenbund-Lilie mit ihren turbanförmigen Einzelblüten ein echter Blickfang.

Nectaroscordum siculum ist ein reichlich blühendes Zwiebelgewächs. Piet Oudolf kombiniert es mit Gräsern.

Lilium martagon 'Claude Shride'

Türkenbund-Lilie

STANDORT: Liebt einen frischen Boden, in Sonne, absonnig oder Halbschatten, kalkverträglich
HÖHE: 100–140 cm
BLÜTE: VI–VII, zahlreiche braunrote, turbanförmige Einzelblüten. Duftpflanze, Blüten werden gerne von Schwebfliegen angeflogen, Liliaceae
BESONDERHEITEN: Wunderschön in kleinen Gruppen. Die Türkenbund-Lilie wird gerne unterpflanzt mit Gräsern, aber auch mit Stauden mitten in einem Beet.

Nectaroscordum siculum

Bulgarischer Lauch

STANDORT: Liebt einen sonnigen bis absonnigen Standort und trockenen bis frischen Boden, der gut drainiert ist, kalkhaltiger Boden wird bevorzugt
HÖHE: 50–100 cm
BLÜTE: V–VI, hängende Glockenblüten in Karamellbraun, außen grün-weinrot gestreift, Innenfarbe der Blüten erscheint in einem Purpurrot oder bräunlich und gelblichen Tönen, Bienenmagnet, Alliaceae
BESONDERHEITEN: Der Bulgarische Lauch versamt sich und ist zur Verwilderung geeignet. Eine weitere fantastische Sorte ist *Nectaroscordum tripedale*, der 100–130 cm hoch wird.

Tulipa 'Flaming Purissima'

Fosteriana-Tulpen

STANDORT: Benötigen einen sonnigen Standort und einen frischen Boden
HÖHE: 30–45 cm
BLÜTE: IV, Blüten in Himbeerrot mit Weiß, Liliaceae
BESONDERHEITEN: Fosteriana-Tulpen sind meist sehr standfest. Sie sind gut für Bepflanzungen mit Wildstaudencharakter geeignet. Wunderschöne andere Sorten sind 'Purissima', 'Yellow Purissima', 'Sweetheart', 'Orange Empore' oder auch die Sorte 'Analita', die bei geöffneter Blüte eine gelbe Mitte mit einem roten Kranz zeigt und nur 30 cm hoch wird. Fosteriana-Tulpen kommen mit Gräsern, *Muscari aucheri* und Narzissen gut zur Geltung.

Pflanzen für Langrüssler und Kurzrüssler

Am besten wird für alle möglichen Arten von Insekten ein reiches Blütenbuffet zur Verfügung gestellt.

Es gibt kurz- und langrüsselige Hummeln, Solitärbienen, Schwebfliegen, Schmetterlinge, Nachtfalter, Käfer, parasitierende Wespen und auch Honigbienen. Alle diese Bestäuber haben je nach Form, Größe und Rüssellänge leicht unterschiedliche Blütenvorlieben, die sich aber teilweise auch überschneiden. Zu den langrüsseligen Bestäubern, die wesentlich leichter an Pollen und Nektar kommen, gehören einige Hummeln, wie die Gartenhummel (15 mm langer Rüssel) und die Ackerhummel (10 mm langer Rüssel), Nachtfalter und Schmetterlinge. Dadurch kommt es nicht zu einer Art Konkurrenzverhalten zwischen den einzelnen Arten. Allerdings besuchen die Langrüsseligen Hummeln, z. B. ebenso gerne Blüten mit leicht erreichbarem Nektar. Um allen Tieren gerecht zu werden, ist ein breites Spektrum an geeigneten Blühpflanzen im Garten wichtig.

Besondere Pflanzen für Langrüssler von Februar bis Oktober

Centranthus ruber 'Coccineus'

Rote Spornblume

STANDORT: Benötigt einen mageren, sandigen bis frischen, kalkhaltigen Boden in voller Sonne
HÖHE: 40–70 cm
BLÜTE: V–X, rosarote Blüten in Trugdolden. Insektenmagnet. Für Insekten mit sehr langem Saugrüssel, wie der tagaktive Nachtfalter Taubenschwänzchen oder andere Falter und Schwebfliegen, Valerianaceae
BESONDERHEITEN: Graugrüne Blätter, die unteren Stielteile verholzen leicht. Die Rote Spornblume samt sich sehr gut aus, sie gilt bei uns als Neophyt. Die Pflanze lässt sich wunderschön mit Lavendel, Salbei und zarten Gräsern wie Reiher-Federgras kombinieren.

Crocus tommasinianus

Elfen-Krokus

STANDORT: Gedeiht auf sonnigem, absonnigem bis halbschattigem trockenen bis frischen Boden

HÖHE: 7–10 cm
BLÜTE: II–III, sehr zarte elfenartige, lavendel bis lila Einzelblüten, Nahrung für frühfliegende Insekten wie die gehörnte Mauerbiene (*Osmia cornuta*), die einen langen Rüssel hat, Iridaceae
BESONDERHEITEN: Der Geophyt hat grundständige Laubblätter mit weißem Mittelstreifen. Die Knollen dienen als Überdauerungsorgane. Der Elfen-Krokus vermehrt sich gut, wird aber nie lästig. Wunderschön mit Schneeglöckchen.

Digitalis purpurea
Fingerhut

STANDORT: Benötigt einen frischen, durchlässigen, kalkfreien und humos-lehmigen Boden in der Sonne oder im Halbschatten, gerne am Gehölzrand
HÖHE: 80–130 cm
BLÜTE: VI–VIII, purpurrote Blütenkelche an traubenartigen Blütenständen, die sich von unten nach oben öffnen, Giftpflanze, Scrophulariaceae
BESONDERHEITEN: Im Verblühen bildet der Fingerhut kleine Saatkapseln, die sich öffnen und so für die Selbstaussaat sorgen. Insekten, die keinen langen Rüssel haben, beißen die Blüten am Stängel auf, um so an den Nektar zu gelangen.

Nepeta spp.
Katzenminze

STANDORT: Benötigt einen sonnigen Standort und einen trockenen bis frischen, gut durchlässigen, lehmig-sandigen, mineralischen Boden
HÖHE: 40–100 cm
BLÜTE: V–IX, Blüten von Weiß bis Dunkelblau in ährigen Blütenständen, Insektenmagnet, Lamiaceae

OBEN *Centranthus ruber* 'Coccineus' in voller Pracht
MITTE *Digitalis purpurea* bietet Insekten Pollen und Nektar.
UNTEN Nur bei schönem Wetter geöffnet: die Blüten von *Crocus tommasinianus*

Die Blüten von *Primula vulgaris* stehen nur kurz über dem Blattwerk und dicht zusammen.

Mit Salbei (hier: *Salvia pratensis*) kann man im Garten nichts falsch machen. Er ist pflegeleicht und sehr beliebt bei Insekten.

BESONDERHEITEN: Die Blätter sind grau, flaumig bis filzig behaart. Wundervolle Sorten sind *Nepeta racemosa* 'Superb', 30–40 cm, bodendeckend, lange Blütezeit sowie *Nepeta × fassenii* 'Walker's Low', 70–90 cm. Beide Sorten haben sich sehr gut seit vielen Jahren im Beet bewährt. Wird die Katzenminze im Juni nach der ersten Blüte bodentief zurückgeschnitten, blüht sie erneut im September.

Primula vulgaris

Stängellose Schlüsselblume

STANDORT: Liebt einen halbschattigen Standort auf frischem Boden, gerne am Gehölzrand oder in Waldgärten. Aber auch in Steinanlagen mit frischem Boden fühlt sie sich wohl.

HÖHE: 15 cm

BLÜTE: III–IV, gelbe Blütenkrone mit langem Kelch. Jungpflanzen blühen das erste Mal nach 20 Monaten, ein Blütenfest für die Rostrote Mauerbiene und einige Hummelarten, wie die Gartenhummel, die der Erdhummel ähnelt, Primulaceae

BESONDERHEITEN: Die Pflanze kann im Mittel zwischen 10 und 30 Jahre alt werden. Die heimische Wildstaude wirkt wunderschön in Kombination mit Vergissmeinnicht.

Pulmonaria officinalis

Echtes Lungenkraut

STANDORT: Fühlt sich an absonnigen bis halbschattigen Plätzen wohl, auf nährstoffreichem, humosem, eher feuchtem Boden.

HÖHE: 10–40 cm

BLÜTE: III–V, Stieltellerblumen mit eingeschlossenen Staubbeuteln und Narben, fünf Kelchblätter, bis zur Hälfte zusammengewachsen, blüht zuerst purpurrot, nach Bestäubung Farbwechsel zu Blau, Boraginaceae

BESONDERHEITEN: Nach Besuchen durch Bestäuberinsekten, in diesem Fall ausschließlich langrüsselige Wildbienen, wie die Frühlings-Pelzbiene (*Anthophora plumipes*), verändert sich die Blütenfarbe in Blau. So weiß jedes nachfolgende Insekt, dass die Blüte fast keinen Nektar mehr enthält. Die heimische Wildstaude ist ein wundervoller Bodendecker und sehr gut als erste Nahrung für früh fliegende langrüsselige Insekten.

Salvia pratensis

Wiesen-Salbei

STANDORT: Benötigt einen sonnigen Standort auf trockenem Boden

HÖHE: 40–60 cm

BLÜTE: VI–VIII, violettblaue Blüten in lockeren, großen Scheinähren auf aufrechten Blütenstängeln, langrüsselige Insekten wie einige Hummel- und Falterarten finden hier reichlich Nahrung, Lamiaceae
BESONDERHEITEN: Der Wiesen-Salbei eignet sich besonders für wiesenartige Pflanzungen im Natur-Präriegarten, zusammen mit der heimischen Wiesen-Schafgarbe (*Achillea millefolium*).

Sedum telephium-Hybride 'Matrona'

Hohe Fetthenne

STANDORT: Benötigt einen sonnigen Platz auf leicht trockenem, durchlässigem Boden
HÖHE: 50–70 cm
BLÜTE: IX–X, rostrote Kronblätter, Blütenschirme mit unzähligen Einzelblüten, Insektenmagnet, wird von langrüsseligen Insekten umschwärmt, Crassulaceae
BESONDERHEITEN: Die Stängel der Hohen Fetthenne sind fleischig, die Blätter rötlich braun. Sie zählt zu den Dickblattgewächsen und speichert in Blättern und Stängel Wasser, sodass sie auch längere Trockenheit übersteht. Wunderschön sind auch Sorten mit dunklem Laub wie 'Karfunkelstein', 40–50 cm, oder *Sedum spectabile* 'Carl' mit graugrünen, fleischigen Blättern. Einen schönen Kontrast bildet die kleine Strauch-Bartblume (*Caryopteris clandonensis*) 'Blauer Spatz', die zur selben Zeit blüht.

Silene dioica

Rote Lichtnelke

STANDORT: Liebt kalkreiche, etwas feuchtere Böden an Gehölzrändern und mäßig warmes Seeklima
HÖHE: 30–90 cm
BLÜTE: IV–X, fünf rote Kronblätter, zweispaltig, enden in einem stark behaarten Kelch, Caryophyllaceae
BESONDERHEITEN: Die Samenkapsel öffnet sich im Herbst oder Winter und entlässt mohnartige Samen. Die heimische Wildstaude kommt besonders gut in einem Teil des naturbelassenen Gartens zur Geltung.

Behaarte Blätter und Blüten von *Stachys byzantina* sind äußerst nützlich für Bienen und andere Insekten.

Stachys byzantina

Wollziest

STANDORT: Benötigt steinig sandigen, mäßig nährstoffreichen Boden in voller Sonne
HÖHE: 15–60 cm
BLÜTE: VI–VIII, rosafarbene Blüten, die kerzenartige Quirle bilden. Insektenmagnet, Lamiaceae
BESONDERHEITEN: Die Blätter sind stark behaart und graugrün. Wollziest kann gut als Bodendecker verwendet werden. Er ist sehr wichtig für die Gartenwollbiene, die die Wolle der Blätter abschabt und ihre Brutzellen damit anlegt. Sehr gut zu beobachten, wie die männlichen Bienen Eindringlinge verscheuchen. Wollziest passt zu vielen Stauden, z.B. Steinquendel.

Verbena bonariensis

Patagonisches Eisenkraut

STANDORT: Benötigt einen trockenen Boden in voller Sonne
HÖHE: 100–150 cm
BLÜTE: VII–X, doldenförmige einfache Blüten in Blauviolett, Insektenweide für Schmetterlinge und Schwebfliegen, Verbenaceae
BESONDERHEITEN: Sehr lange vierkantige Stängel mit einem luftigen Wuchs. Das Eisenkraut ist leider nicht sehr winterhart, versamt sich aber gut. Wunderschön im Beet, wenn es Gräser überragt, wie das Sand-Liebesgras oder auch zwischen Purpur-Buntnesseln und Tennessee-Sonnenhut.

Astern in vielen Arten und Sorten können im Natur-Präriegarten an verschiedenen Stellen Akzente setzen.

Die großen geöffneten Blüten von *Campanula rotundifolia* können auch von größere Insekten gut angeflogen werden.

Pflanzen für Kurzrüssler von Februar bis Oktober

Symphyotrichum spp. (syn. *Aster*)

Astern

STANDORT: Benötigen einen sonnigen bis halbschattigen, trockenen bis frischen Boden
HÖHE: 15–180 cm
BLÜTE: Je nach Art von Weiß bis dunklem Bordeaux, Asteraceae
BESONDERHEITEN: Es gibt Asternarten und -sorten für Frühling, Sommer und Herbst. Daher sind sie sehr wertvoll für kurzrüsselige Insekten. Ich bevorzuge im Natur-Präriegarten die Wildformen wie *Symphyotrichum laeve* (syn. *Aster laevis*), die eine lange Blütezeit hat und sich versamt. Wunderschön in Kombination mit Gräsern und anderen Wildformen der nordamerikanischen Prärie, wie der Goldrute (*Solidago caesia*).

Campanula rotundifolia

Rundblättrige Glockenblume

STANDORT: Benötigt einen trockenen bis frischen Boden, in der Natur stark gefährdet
HÖHE: 10–50 cm
BLÜTE: V–X, blauviolette Glockenblüten, Insektenmagnet besonders für Wildbienen, Campanulaceae
BESONDERHEITEN: Die Rundblättrige Glockenblume hat sehr zarte Stile und grünes Laub. Die heimische Wildstaude ist in der Natur stark gefährdet. Alle Glockenblumenarten sind im Garten sehr willkommen sogar an Gehölzrändern und im Halbschatten und Schatten, wie z.B. die Waldglockenblume (*Campanula latifolia* var. *macrantha*) oder auch sehr blütenreiche *Campanula lactiflora*-Sorten.

Erica carnea

Schnee-Heide

STANDORT: Benötigt einen sonnigen bis halbschattigen Standort. Sandig-lehmiger Boden bei mäßig trockener bis frischer Bodenfeuchte, kalktolerant
HÖHE: 19–30 cm
BLÜTE: II–IV, weiße bis rosa glockenförmige Blüten in Rispen, Ericaceae
BESONDERHEITEN: Die Blätter der Schnee-Heide sind nadelförmig, der Halbstrauch ist wintergrün. Die Schnee-Heide zieht früh fliegende Insekten stark an und ist eine gute Nahrungsquelle.

Eryngium planum 'Blaukappe'

Kleines Mannstreu

STANDORT: Benötigt einen trockenen bis frischen Boden in voller Sonne, gerne in Steinanlagen
HÖHE: 30–70 cm
BLÜTE: VII–VIII, blaue kugelförmige Blütendolden, Insektenmagnet, Apiaceae
BESONDERHEITEN: Der Kleine Mannstreu ist distelähnlich und verzweigt sich stark. Er sieht wunderschön mit anderen Wildstauden wie Färberkamille (*Anthemis tinctoria*) oder dem Herz-Zittergras (*Briza media*) aus.

Succisa pratensis ist eine hübsche Wiesenblume, die vielen Blütenbesuchern im Spätsommer als Nektarpflanze dient.

Der Kleine Mannstreu ist eine hervorragende Bienenweide, aber auch Schmetterlinge sind häufige Besucher.

Geranium sanguineum 'Elke'

Blut-Storchschnabel

STANDORT: Benötigt einen trockenen Boden
HÖHE: 20–30 cm
BLÜTE: VI–VIII, rosa mit weißem Rand und weißem Auge, Insektenmagnet, Geraniaceae
BESONDERHEITEN: 'Elke' ist eine sehr kompakte Sorte mit graugrünem Laub. Sie zählt zu meinen Lieblingssorten ebenso wie der Armenische Storchschnabel (*Geranium psilostemon*) 'Patricia' mit den hell magentafarbenen Blüten mit schwarzem Auge, 60–70 cm. Es gibt unzählige *Geranium*-Arten. Die Storchschnäbel zeigen eine große Blütenfülle und das über einen langen Zeitraum hinweg.

Hypericum perforatum

Tüpfel-Johanniskraut

STANDORT: Bevorzugt Sonne bis Halbschatten auf durchlässigen, normalen Gartenböden
HÖHE: 30–60 cm
BLÜTE: VI–VIII, gelbe, sternförmige Blüten, radiärsymmetrisch, in den offenen Blüten können auch kurzrüsselige Insekten wie Schwebfliegen mit ihren tupfenden Mundwerkzeugen an den Pollen gelangen, Heilpflanze, Clusiaceae
BESONDERHEITEN: Das besondere Merkmal des Tüpfel-Johanniskrauts sind die typischen zweikantigen Triebe und die durchscheinenden Öldrüsen. Futterlieferant für Wildbienen und Schmetterlingsarten.

Succisa pratensis

Gewöhnlicher Teufelsabbiss

STANDORT: Benötigt einen wechselfeuchten, neutralen bis mäßig sauren Lehm- oder Tonboden in sonniger Lage
HÖHE: 30–80 cm
BLÜTE: VII–IX, blauviolette, kugelige Blüten, Eiablage- und Raupenfutterpflanze für den Goldenen Scheckenfalter, Dipsacaceae
BESONDERHEITEN: Die heimische Wildpflanze ist ein Insektenmagnet für Schwebfliegen und Falter, sie passt sehr gut in eine Wildstaudenpflanzung. In freier Natur ist sie stark gefährdet. Es gibt mehrere Ansiedlungsprogramme in Deutschland, z.B. LIFE Aurinia der Stiftung Naturschutz in Schleswig-Holstein.

Verbascum bombyciferum

Silber-Königskerze

STANDORT: Benötigt einen trockenen, kargen Boden in sonniger Lage
HÖHE: 140–160 cm
BLÜTE: VI–VIII, lippenblütenartige Blüten in Schwefelgelb, Insektenweide, Scrophulariaceae
BESONDERHEITEN: Die Silber-Königskerze hat stark filzig behaarte Rosettenblätter an aufrechten blütenbesetzten Blütenschäften. Die zweijährige Pflanze versamt sich kräftig. Als Gerüstpflanze passt sie wundervoll in den Natur-Präriegarten, unterpflanzt mit Gräsern und Stauden.

Feuchte Standorte im Garten

Feuchte Standorte finden sich an Bachläufen, Teichen, auf Schattenflächen, die in einer Senke liegen, oder auch, wenn der Gartenboden lehmig und wenig durchlässig ist. Für eine Präriebepflanzung ist das dennoch kein Hindernis.

Feuchte Standorte wirken von Natur aus sehr natürlich - glücklich ist, wer sie im Garten hat. Daher sollten man sich gut überlegen, sie zu verändern. In hügeligen Regionen, die keine starken Höhenunterschiede aufweisen, lassen sie sich aber auch künstlich anlegen - zur Förderung der Artenvielfalt im Garten.

Schwierige Bodenverhältnisse

Bei schweren Lehmböden ist die Situation schwieriger. Sie verschlämmen und verkrusten nach Starkregen schnell. Hier gibt es allerdings verschiedene Ansätze, um das zu verhindern. Man kann den Boden mit organischen und mineralischen Materialien mulchen, damit sie nicht so schnell, z.B. bei extremer Hitze, steinhart werden. Man kann Sand und Kiesel hier einbauen. Dazu wird der Boden zum Teil etwas abgetragen und mit Sand und Kiesel oder Split wieder aufgefüllt und ordentlich tief gefräst. Somit kann man eine bessere Durchlüftung erreichen, damit Wasser besser abläuft. Bei anhaltender Staunässe müssen allerdings Drainagen gelegt werden, damit überflüssiges Wasser besser ablaufen kann.

Zeigerpflanzen für staunasse Böden

Zeigerpflanzen für Böden mit Staunässe sind meist ein Hinweis auf Verdichtungen in tieferen Schichten. Dabei gelangt kaum Sauerstoff an die Pflanzenwurzeln. Es kann bei längerem Anhalten der Nässe dann zum Absterben oder zu Schädigungen der Pflanzen kommen. Deshalb sollte im Garten Staunässe verhindert werden.

ZEIGERPFLANZEN FÜR STAUNÄSSE

Persicaria lapathifolia (Ampfer-Knöterich)
Potentilla anserina (Gänsefingerkraut)
Ranunculus repens (Kriechender Hahnenfuß)
Equisetum arvense (Schachtelhalm)
Sanguisorba officinalis (Großer Wiesenknopf)

OBEN *Scirpus sylvaticus* blüht von Mai bis August an feuchten bis nassen Standorten. Auf stickstoffreichen Böden kommt sie nicht vor.

RECHTS *Sanguisorba officinalis* ist eine Zeigerpflanze für feuchte bis staunasse Standorte. Sie wächst auf nährstoffreichen Standorten, kommt aber auch auf Magerwiesen vor.

Zeigerpflanzen für feuchte Böden

Wenn der Boden nur feucht ist und nicht komplett durchnässt, dann können schon etliche Pflanzen dort überleben. Dieser Boden kommt den Pflanzen aus der Hochgrasprärie für feuchte und nasse Böden entgegen. Die tiefer gelegenen Bereiche (Lowland Prairies) werden nach zunehmender Bodenfeuchte weiter differenziert in frische bis feuchte Standorte (Wet-mesic Prairies) sowie feuchte bis nasse Prärien (Wet Prairies). Als Präriepflanzen aus der Wet Prairie sind z.B. *Boltonia asteroides* und *Vernonia fasciculata* zu nennen.

ZEIGERPFLANZEN FÜR FEUCHTIGKEIT

Scirpus sylvaticus (Wald-Simse)
Molinia caerulea (Pfeifengras)
Mentha arvensis (Ackerminze)
Juncus effusus (Flatter-Binse)
Juncus conglomeratus (Knäuel-Binse)
Filipendula ulmaria (Mädesüß)

Inspiration für feuchte Beete

Auch für feuchte Standorte gibt es genügend Pflanzen, die sich hier wohlfühlen und in einen Natur-Präriegarten passen.

Wasser im Garten ist nicht nur aus ökologischer Sicht sehr wertvoll. Ein Teich oder Wasserlauf bereichern auch optisch die Gartenszenen. Für feuchte Standorte rund um Teich und feuchte Böden im Garten gibt es sehr attraktive Stauden und Gehölze.

LINKE SEITE Die Ruhe, die von einem Gewässer ausgeht, wird hier von der Bepflanzung aufgenommen. Es geht farbenfroh, aber nicht wild durcheinander zu.

LINKE SEITE UNTEN *Iris sibirica* benötigt einen frischen bis feuchten, durchlässigen Boden und ist an einem Teich genau richtig platziert.

UNTEN MITTE Ein Teich lässt sich auch gut in kleinere Gärten integrieren.

UNTEN RECHTS *Kuhnistera violacea*, der Purpur-Prärie-Klee, zählt zu den Leguminosen. Er verträgt Feuchtigkeit gut.

Ein Gartentraum in Schleswig-Holstein

Alles voller Giersch und heute ein Traum. Eine Herausforderung, die zu einer besonders bereichernden Arbeit wurde

Dieser Garten liegt, von drei Seiten durch eine hohe Hainbuchenhecke geschützt, mitten in Schleswig-Holstein. Das Besondere daran ist auch die Einbettung in die den Garten umgebenden Wiesen und Felder. Hier spürt man die Freiheit und zugleich die Ruhe dieser Gegend.

Der Auftrag

Auf dem Grundstück sollte zwischen der hohen Hainbuchenhecke und dem Wohnhaus ein Natur-Präriegarten entstehen. Das Haus wies viele Schwalbennestern auf. Daher sollte die Insektenvielfalt durch die Gartengestaltung noch mehr gefördert werden, um diesen besonderen Vögeln auch in Zukunft Nahrung zu bieten.

Ich traf allerdings schon zu Beginn auf ein großes Problem: Giersch. Der Garten war komplett mit Giersch überwuchert und das ist selbst für eine erfahrene Gartenplanerin eine echte Herausforderung.

Die hinter der Hainbuchenhecke sich anschließende weite Fläche bindet den Garten auf wunderbare Weise in die natürliche Umgebung ein und verschafft ihm eine beeindruckende Weite.

Ich war mir nicht sicher, ob wir den Girsch in den Griff bekommen würden. Konnte man auf so einem Grundstück überhaupt einen Natur-Präriegarten anlegen? Eine Garantie, dass die eingebrachten Stauden mit dem Giersch fertig werden würden, konnte ich jedenfalls nicht geben.

Die Vorbereitung

Wir entschieden uns nach Abwägung aller Einwände, den kompletten Boden auszutauschen. Da es sich um einen großen landwirtschaftlichen Betrieb handelte, konnten wir den abgebaggerten Boden auf anderen Feldern verteilen und so neuen Boden auffüllen.
Als Gehölze verblieben sich nach der ersten Anlage des Gartens noch eine große hoch aufgelastete Rotbuche, ein alter Ginko, ein Birnbaum und eine Magnolie. Alle Gehölze hatten schon ein stattliches Alter und Ausmaß. Wir legten weiträumige Wurzelsperren um den Wurzelteller der Pflanzen und vor die Hecke, bevor wir die Pflanzenflächen mit Kiesel 2/8 mm abdeckten.

Über der Pflanzung schwebt *Verbena bonariensis* zwischen *Monarda didyma* 'Jacob Cline' und der Amerikanischen Bergminze *Pycnanthemum tenufolium* und anderen Stauden.

Die Aster 'Asran' ist hervorragend für den Natur-Präriegarten geeignet.

Die Umsetzung

Wir teilten das Grundstück in drei Bereiche ein. Insgesamt hatten wir als Staudenfläche 330 m², die durch Kieselwege abgegrenzt waren. Wenn möglich verzichte ich stets darauf, Betonfundamente einzusetzen. Das gelang uns auch dieses Mal, da bereits der Bereich der Auffahrt und die Wege zum Wohnhaus mit Kiesel 16/32 bedeckt waren. Geschützt im nordöstlichen Teil des Gartens unter dem Ginkobaum, plante ich eine Terrasse, sodass man den oft kalten Ostwind durch die hohe Hecke nicht spürte. Von hier aus hatte man einen fantastischen Blick über den gesamten Garten und zum Haus. Hier konnte man die Seele baumeln lassen und die Vögel und die vielen Insekten beobachten. Bei der Farbgestaltung ließ man mir freie Hand und so entschied ich mich für eine bunte Vielfalt aus

Stauden, Gräsern und Zwiebelblumen, die eine Blüte von Februar bis in den November zauberten. Von jeher war ich ein Fan von bunten Mischungen im Garten und so durfte die gesamte Farbpalette genutzt werden. Bei mir durfte auch Pink mit Gelb, Blau, Rosa und Rot in einem Beet stehen. Das macht für mich bis heute die Spannung in einem Beet aus. Und gerade dieser Garten, der so spezielle Vorgaben auch bzgl. der ökologischen Vielfalt hatte, zeigt heute genau diese Spannung. Vor allem im Juli ist der Anblick der bunten Beete ein absoluter Traum.

Eine meiner Lieblingspflanzen: *Solidago caesia*

Die Pflanzenauswahl

Über einem Teil der Pflanzung schwebt das argentinische Eisenkraut *Verbena bonariensis* zwischen *Echinacea pallida*, *Echinacea purpurea* 'Alba'. *Campanula lactiflora* in Weiß und Blau, *Monarda didyma* 'Jacob Cline' und die Amerikanische Bergminze *Pycnanthemum tenufolium* vollenden und ergänzen das Gesamtbild der Pflanzung.
Verschiedene Gräser, wie das Reitgras, haben ihre Blüte bereits im Mai, sind dann aber nicht wertlos für die Pflanzung. Das Reitgras steht beipielsweise mit seinen aufrechten Halmen und den gelbbraunen Blütenrispen als Gerüststaude im Beet. Allerdings wurde das Gras aber später von *Panicum virgatum* 'Shenandoah' und der kleinblumigen Sonnenblume *Helianthus microcephalus* 'Lemon Queen' abgelöst. Die Wege säumen Lampenputzergras 'Hameln', *Hakonechloa macra*, *Pycnanthemum tenufolium* und *Coreopsis verticillata*. Und immer wieder auch *Potentilla nepalensis* 'Miss Willmott'.
Besonders gelungen sind außerdem die Cluster von *Hakonechloa macra* ein, die sich nach einigen Jahren zu wundervollen ruhigen und gleichzeitg spannungsreichen Blickpunkten entwickelten.

Fazit

Ich bin heute noch dankbar, dass ich diesen wunderschönen Garten gestalten durfte. Nach einem Vortrag von mir und vielen Bildern von anderen Gärten hatte ich die Kundin vollkommen überzeugt, in ihrem Sinne etwas für die Biodiversität zu tun.

OBEN Hohe Gräser schweben über den Stauden und bringen Struktur ins Beet .
UNTEN Erste Arbeiten im Garten

Stauden für feuchte Standorte

Es ist sehr reizvoll und dazu noch eine Bereicherung für den Garten, einen feuchteren Standort, z.B. durch ein Gewässer, oder auch Senken zu haben, an denen kurzfristig hohe Feuchtigkeit vorhanden ist, aber keine dauerhafte Staunässe.

Es gibt zahlreiche Stauden, die sich auf feuchten Standorten sehr wohlfühlen. Geschickt kombiniert mit Gräsern, Zwiebelblumen und Gehölzen und ergänzt durch Wildstauden, kann man wunderschöne prärieartige Gartensituationen schaffen. Sie brauchen aber nicht unbedingt den Bezug zum Wasser, sondern entfalten ihre Wirkung auch in wiesenartigen Pflanzungen auf schweren, frischen bis feuchten Böden. Die Standortwahl ist also gar nicht so eingeschränkt, wie es zunächst aussieht.

PFLANZEN FÜR FEUCHTE STANDORTE

Althaea cannabina (Hanfblättriger Eibisch)
Darmera (Schildblatt)
Euphorbia palustris (Sumpf-Wolfsmilch)
Filipendula rubra (Amerikanisches Mädesüß)
Iris laevigata (Asiatische Sumpf-Schwertlilie)
Iris sibirica (Sibirische Schwertlilie)
Lythrum virgatum (Ruten-Blutweiderich)
Polygonum amplexicaule (Kerzenknöterich)
Sanguisorba tenuifolia (Hoher Wiesenknopf)
Silphium perfoliatum (Becherpflanze)
Verbena hastata (Lanzen-Eisenkraut)

Amsonia tabernaemontana

Blausternbusch, Röhrenstern

STANDORT: Bevorzugt sonnige bis halbschattige Plätze bei normalem bis feuchtem Boden, empfindlich gegen Austrocknung
HÖHE: 80–100 cm
BLÜTE: VI–VII, hellblaue Sternblüten, 6–7 Blütenstängel mit schmalen Samenständen, Apocynaceae
BESONDERHEITEN: Der Blausternbusch sieht vor allem im Winter wunderschön aus, das Herbstlaub in dunkelgelb ist ebenfalls attraktiv. Es dauert eine gewisse Zeit, ehe sich ein stattlicher Horst bildet. Pflanzenpartner können *Iris sibirica* sein, in hellgelben Tönen wie die Sorte 'Butter and Sugar'. Cool-Season-Pflanze. Gerüststaude und Aspektstaude.

LINKS *Amsonia tabernaemontana* ist besonders geeignet für wiesenhafte Pflanzungen.

RECHTS Die Präriemalve (*Callirhoe bushii*) ist mit ihrer langen Blütezeit eine sehr dankbare Präriegartenstaude.

Baptisia australis
Indigolupine, Blaue Färberhülse

STANDORT: Benötigt sonnige Lagen bei trockenem bis feuchtem Boden, übersteht trockene Phasen durch tiefes Wurzelwachstum
HÖHE: 80–150 cm
BLÜTE: VI–VII, indigoblaue Blüten, Fabaceae
BESONDERHEITEN: Die Indigolupine entwickelt sich langsam. Sie hat stabile blaugrüne Stängel und wunderschöne dicke, graugrüne Samenhülsen, die auch den Winter über schön bleiben. Wunderschön mit Unterpflanzung von großblütigem Fingerkraut oder weißem Wiesen-Salbei. Cool-Season-Pflanze. Gerüststaude.

Callirhoe bushii
Präriemalve

STANDORT: Benötigt einen frischen bis feuchten Boden und einen sonnigen Standort
HÖHE: 50–100 cm
BLÜTE: VII–IX, Blüten mit fünf Kelchblättern in Weiß, Hellrosa oder Karminrot, je nach Sorte, Malvaceae
BESONDERHEITEN: Die Präriemalve eignet sich sehr gut für Wildstaudenpflanzungen. Wunderschön kommt sie in Begleitung von zarten Gräsern wie Pfeifengras 'Moorhexe' oder weißblütigen Stauden wie Indianernessel 'Schneewolke', Himalaya-Storchschnabel oder Prachtscharte 'Floristen Weiß' zur Geltung. Aspektstaude.

Der Wasserdost ist eine imposante und vielseitig einsetzbare Staude für den Teich, als Sichtschutz oder als Solitär.

Iris sibirica kann sowohl einzeln als auch in kleinen Tuffs oder Trupps von bis zu sechs Stück gepflanzt werden.

Eupatorium fistulosum 'Atropurpureum'

Wasserdost, Purpurdost

STANDORT: Bevorzugt sonnige bis halbschattige Lagen und feuchte, kalkhaltige Böden
HÖHE: 100–200 cm
BLÜTE: VII–IX, rosafarbene buschige Blütenkörbchen in Doldentrauben, Asteraceae
BESONDERHEITEN: Die Sorte 'Purple Busch', 150 cm hoch, eignet sich auch für kleinere Gärten in Begleitung von Staudensonnenblumen wie der Kleinköpfigen Sonnenblume 'Lemon Queen'. Die noch größeren Sorten der *Atropurpureum*-Gruppe wie 'Riesenschirm' erreichen 2 m und ziehen Insekten magisch an. Gerüststaude.

Iris sibirica

Wiesen-Schwertlilie

STANDORT: Benötigt einen feuchten bis nassen Standort und einen humusreichen, gerne lehmigen, gut mit Kompost versorgten Boden in voller Sonne
HÖHE: 80 cm
BLÜTE: VI–VII, indigoblaue Blüten, eindrucksvoll gezeichnet, Iridaceae
BESONDERHEITEN: Die Wiesen-Schwertlilie sieht wunderschön in Staudenrabatten zusammen mit Trollblume (*Trollus europaeus*) oder auch Goldkolben (*Ligularia*) aus. Sehr apart ist auch die Sumpf-Schwertlilie (*Iris pseudacorus*), die von Mai bis Juli in Gelb blüht. Sie kann auch direkt im Wasser stehen.

Silphium integrifolium

Ungeschlitzte Becherpflanze

STANDORT: Benötigt einen sonnigen Standort bei normalem bis feuchtem Boden
HÖHE: 150–200 cm
BLÜTE: VI-I, Korbblütler mit grüngelben, bis 2,5 cm langen Körbchenblüten, Insektenmagnet, Asteraceae

BESONDERHEITEN: Diese Becherpflanze ist sehr standhaft und macht im Winter mit der schönen Silhouette auf sich aufmerksam. Sie ist eine gute Vogelnährpflanze. Die Ungeschlitzte Becherpflanze hat lange haarige Stängel und wird am Naturstandort auf fruchtbarem Boden 3–4 m hoch. Die Art *Silphium mohrii* wird zwischen 120 und 140 cm hoch, hat hellgelbe Blüten und stark behaarte Stängel. Gerüststaude.

Tradescantia ohiensis
Dreimasterblume, Tradescantie

STANDORT: Benötigt einen sonnigen Standort bei normalem bis feuchtem Boden, wächst aber auch auf sandigem, trockenem Boden
HÖHE: 50–60 cm
BLÜTE: V–VIII, kleine rosafarbene bis lilablaue Blüten mit gelben Stempeln, etwa 20 Blüten in Gruppen an einem Stil, die sich bis mittags öffnen, Commelinaceae
BESONDERHEITEN: Die Tradescantie hat hübsche grasartige, blaugrüne Blätter von ca. 30 cm Länge. Die Pflanze zieht meistens nach der Blüte ein. Je nach Standort wunderschön mit Gräsern oder auch auf feuchteren Böden mit Blutweiderich und Trollblumen. Aspektstaude, Begleitstaude.

Vernonia arkansana
Arkansas-Scheinaster

STANDORT: Benötigt einen sonnigen bis halbschattigen Standort auf normalem bis feuchtem und nährstoffreichem Boden
HÖHE: 160–200 cm
BLÜTE: IX–XI, violettrote bis magentafarbene distelartige Blütenköpfchen in großen Doldentrauben, Asteraceae
BESONDERHEITEN: Mit den standfesten hellgrauen Stängeln entwickelt sich die Scheinaster zu einem massiven Busch. Sie passt nur in große Gärten. Später Austrieb, sehr langlebig. Gerüstpflanze, Solitärstaude.

Veronicastrum virginicum macht sich gut im Hintergrund eines Beetes, am Teichrand fühlt er sich besonders wohl.

Veronicastrum virginicum
Virginischer Arzneiehrenpreis

STANDORT: Benötigt Sonne bis Halbschatten und lehmig-sandigen, humosen, frischen bis feuchten Boden
HÖHE: 80–200 cm
BLÜTE: VIII–IX, Blüten violett-rosa bis weiß, rachenartige Einzelblüten an Rispen bis zu 30 cm Länge, Insektenmagnet, Scrophulariaceae
BESONDERHEITEN: Die Blätter sind lanzettlich, gesägt und zugespitzt, quirlförmig angeordnet und zeichnen sich durch eine schöne Herbstfärbung aus. Der Virginische Arzneiehrenpreis ist vom Frühling bis zum Winter sehr auffällig und zählt zu meinen Lieblingspflanzen. Die Fruchtstände werden im Winter gerne von Vögeln gefressen. In großen Gärten entfaltet die Staude vor allem in größeren Gruppen ihre Wirkung. Am besten wählen Sie einen Pflanzabstand von 90 cm. Wunderschön, aber etwas niedriger, ist die weiß blühende Sorte 'Diana', 120 cm, 'Faszination' in Rosa-violett, 150–170 cm, 'Apollo' in Lavendelblau und 'Pink Glow', 170 cm, in Hellrosa. Gerüststaude.

Weniger Pflege, mehr Biodiversität

In der Nähe von Eckernförde liegt dieser wundervolle Garten umgeben von Feldern, eingebunden in die ländliche Natur.

Es war der erste sehr große Garten von 2.500 m², in dem ich eine Natur-Präriegartenanlage mit einer Fläche von gut 850 m² mit Stauden, Wegen, Terrassen und einer kleinen Rasenfläche planen durfte. Die Gartenbesitzer, sehr naturverbunden, wollten einen pflegeextensiven und zugleich ökologisch wertvollen Garten. Der Boden bestand aus Lehm und schon bei der ersten Besichtigung im November 2011 bemerkte ich, dass Wasser auf den Flächen nicht versickerte.

Der Wunsch der Eigentümer war es, den Blick aus dem Souterrain zu öffnen, um einen freien Blick in den Garten zu bekommen. Die Größe der Bepflanzung konnte ich selbst entscheiden und so dachte ich bei dieser großen Fläche gleich groß. Ich stellte mich auf die Terrasse und zeichnete einen Halbkreis von einem Hausende zum anderen. So entstand zum Souterrain hin ein fantastischer Senkgarten (ca. 100 m²) mit einer kleinen Terrasse. Die leicht geschwungene Treppe

Der Senkgarten in all seiner Frühlingspracht

hinunter wurde mit alten Granitblöcken abgegrenzt und die Stufen mit Kiesel 16/32 mm abgedeckt. Der abgebaggerte Lehm füllte eine Senke im angrenzenden landwirtschaftlichen Betrieb und Sand und Kiesel wurden in die vorhandenen Beete eingearbeitet, sodass die obere Lehmschicht durchbrochen wurde. Mehrere Terrassen und eine Rasenfläche in der Mitte, die mit rotem Klinker eingefasst wurde, vervollständigten diesen Garten.

Dieser Garten ist heute ein Refugium der Biodiversität für Wildbienen, Schmetterlinge und Co. Mehrere große Moränensteine wurden als Blickpunkte in die Flächen gesetzt. Ein Ginkobaum wurde hinter einem großen Stein gepflanzt, der als Sitzplatz dient.

Dieser Garten wurde in den vergangenen 11 Jahren nicht gedüngt und nicht gewässert.

Gräser: *Miscanthus sinensis, Panicum virgatum, Molinia arundinacea, Festuca mairei, Calamagrostis acutiflora* 'Karl Foerster', *Pennisetum alopecuroides* 'Hameln'

Stauden: *Helenium, Monarda didyma* 'Jacob Cline', *Rudbeckia, Coreopsis tripteris, C. verticillata,* diverse Astern je nach Standort, *Lythrum salicaria* u.v.m.

OBEN Alles ist im Werden.

UNTEN Nach 10 Jahren immer noch üppig

Gräser für feuchte Standorte

Grundsätzlich ist für jeden Standort ein Gras gewachsen. Auch feuchte Böden profitieren von einer Bepflanzung mit Gräsern.

Welcher Standort auch immer, Gräser zählen zu den unkomplizierten Pflanzen im Präriegarten. Die umfangreichsten Gattungen für feuchte Präriegestaltungen sind zweifellos *Carex* und *Luzula*. Alle Seggen (*Carex*-Arten) sind den Sauergräsern zuzurechnen und zeichnen sich durch einen dreikantigen Blütenstängel aus. Die bekannteste und am häufigsten verwendete Art ist die Japan-Segge *Carex morrowii* in der Sorte 'Variegata'.

Carex morrowii 'Variegata'

Japan-Segge

STANDORT: Benötigt einen frischen, durchlässigen, humosen Boden im Halbschatten oder Schatten
HÖHE: 30–40 cm
BLÜTE: V–VII, hübsche braungelbe Blüten in Ähren angeordnet, Cyperaceae
BESONDERHEITEN: Die dekorativen Blätter sind sattgün und umgeben von einem weißen Rand. Die Pflanze wächst schopfartig überhängend. Ein durchgehend feuchter Boden ist die Voraussetzung für eine gute Ausbreitung.

Deschampsia cespitosa 'Palava'

Kleine Waldschmiele

STANDORT: Benötigt frischen bis feuchten Boden in sonniger bis schattiger Lage
HÖHE: 40–50 cm
BLÜTE: VII–X, gelbe Blütenrispen, Poaceae
BESONDERHEITEN: 'Palava' ist eine sterile Sorte. Das Gras ist standfest und macht sich gut in Flächen mit Wildstaudencharakter.

Hakonechloa macra

Japanisches Berggras

STANDORT: Benötigt einen frischen bis feuchten Boden in absonniger bis halbschattiger Lage
HÖHE: 40–60 cm
BLÜTE: VII–VIII, grünliche Blüte, Poaceae
BESONDERHEITEN: Die Blätter sind blaugrün. Das Japanische Berggras ist besonders für Freiflächen mit Wildstaudencharakter, Gehölzrand oder auch Steinanlagen mit frischem bis feuchten Boden geeignet.

LINKS Im Spätsommer und Herbst leuchten die rötlichen Blüten von *Miscanthus sinensis* 'Gracillimus' im Sonnenschein.
RECHTS In Gruppen gesetzt, entfaltet sich die wunderbare Fernwirkung von *Hakonechloa macra*.

Luzula nivea
Schnee-Marbel

STANDORT: Benötigt einen halbschattigen Standort bei durchlässigem frischen Boden
HÖHE: 40 cm
BLÜTE: VI–VII, weiße Blüten in Rispen, Poaceae
BESONDERHEITEN: Das Laub der Schnee-Marbel ist tiefgrün. Sie wächst aufrecht und leicht bogig überhängend. Das heimische Gras verbreitet sich durch Selbstaussaat.

Miscanthus sinensis 'Gracillimus'
Feinhalm-Chinaschilf

STANDORT: Benötigt einen frischen bis feuchten, nährstoffreichen, durchlässigen, lehmig sandigen Boden
HÖHE: 130–150 cm
BLÜTE: IX–X, rötliche und später silbrig-weiße Blüten in Ähren, blüht nur in sehr warmen Sommern, Poaceae
BESONDERHEITEN: Die Blätter sind bandförmig, schmal zugespitzt und sehr weit überhängend, im Herbst werden sie bronzefarbig. Das Gras ist geeignet für Freiflächen mit Wildstaudencharakter oder im Beet mit frischem Boden. Andere schöne Sorten sind *Miscanthus sinensis* 'Morninglight' 120–160 cm, *Miscanthus sinensis* 'Ferner Osten' 120–160 cm. Ich empfehle, nach drei Jahren die Pflanze zu teilen.

Molinia caerulea
Moor-Pfeifengras

STANDORT: Benötigt einen sonnigen bis halbschattigen Standort und frischen bis feuchten Boden
HÖHE: 40–80 cm
BLÜTE: VIII–X, blaugrüne Blüten, Poaceae
BESONDERHEITEN: Das Moor-Pfeifengras hat blaugrüne Blätter. Die heimische Wildstaude eignet sich für die Bepflanzung von Freiflächen mit Wildstaudencharakter mit frischem bis fettem Boden und für den Gehölzrand.

Pennisetum alopecuroides 'Hameln'
Kleines Lampenputzergras

STANDORT: Benötigt einen sonnigen Standort und einen frischen Gartenboden
HÖHE: 60–80 cm
BLÜTE: VIII–X, gelb-braune Blüten, Poaceae
BESONDERHEITEN: Das Gras hat sehr schön gebogene Halme und eine wundervolle Herbstfärbung. Es ist gut geeignet für Gruppenpflanzungen.

Wildstauden für feuchte Standorte

Gerade für feuchte Standorte wartet die Natur mit verschiedenen Wildstauden auf, die zum Teil für Präriepflanzungen sehr brauchbar sind.

Wildstauden besitzen einen ganz besonderen Charme. Sie trumpfen meist nicht auf mit üppiger Blütenpracht, sie sind eher bescheiden. Ihre Blüten und die ganze Erscheinung sind aber von besonderer Schönheit. Und ein Festschmaus für die Insektenwelt sind die Blüten allemal. Mit der Integration im Natur-Präriegarten wird ein Beitrag zur Erhaltung der Artenvielfalt geleistet, sowohl was die Pflanzen- als auch was die Tierwelt angeht.

Cardamine pratensis

Wiesenschaumkraut

STANDORT: Benötigt einen feuchten Standort im Halbschatten, bei dauerfeuchtem Boden auch gerne volle Sonne und einen nährstoffreichen, lehmigen oder humosen Boden
HÖHE: 30–50 cm
BLÜTE: IV–VI, weiße, hellrosa oder rosa-violette vierblättrige Blüten an traubenförmigem Blütenstand, Insektenmagnet, Brassicaceae
BESONDERHEITEN: Die grundständigen Blätter sitzen auf einer Rosette, die jungen Blätter sind vor der Blüte essbar. Dauerhafte Trockenheit verträgt das Wiesenschaumkraut nicht. Das Kraut ist eine Wirtspflanze für den Aurorafalter.

Lychnis flos-cuculi

Kuckucks-Lichtnelke

STANDORT: Benötigt einen feucht-nassen Boden in sonniger bis leicht schattiger Lage. Liebt Plätze in Wassernähe am Bach- oder Teichrand, aber auch feuchte Hänge oder eine Feuchtwiese sagen ihr zu
HÖHE: 30–60 cm
BLÜTE: V–VII, rosarote oder weiße gestielte Blüten, Röhrenblume kombiniert mit einem Landeplatz für Blütenbesucher, Insektenweide für Schmetterlinge, Bienen und Schwebfliegen, Caryophyllaceae
BESONDERHEITEN: Die winterharte immergrüne Kuckucks-Lichtnelke ist in Deutschland, Österreich und der Schweiz verbreitet.

Lychnis flos-cuculi ist in Deutschland weit verbreitet, sie überwintert als eine lockere Rosette.

Symphytum officinale bringt mit seinem etwas herberen Aussehen schöne Kontraste in eine Pflanzung.

Silene dioica
Rote Lichtnelke, Rote Nachtnelke

STANDORT: Benötigt einen feucht-nassen Boden in sonniger bis leicht schattiger Lage, liebt Plätze in Wassernähe am Bach- oder Teichrand, aber auch feuchte Hänge oder eine Feuchtwiese sagen ihr zu
HÖHE: 30–90 cm
BLÜTE: IV–X, rosarote gestielte Blüten, die tagsüber geöffnet sind, Insektenweide für Schmetterlinge, Bienen und Schwebfliegen, Caryophyllaceae
BESONDERHEITEN: Die Rote Lichtnelke ist zweijährig oder auch begrenzt mehrjährig. Sie ist heimisch in Deutschland, Österreich und der Schweiz.

Symphytum officinale
Beinwell

STANDORT: Bevorzugt einen sonnigen Standort, aber auch lichten Schatten, der Boden sollte feucht, nährstoffreich und stickstoffhaltig sein, fühlt sich auf Lehmböden wohl, nicht trockenheitsverträglich
HÖHE: 50–80 cm
BLÜTE: V–IX, traubenartige Blütenstände mit hängenden, glockenförmigen Blüten in Rosa bis Violett, Insektenmagnet, Boraginaceae
BESONDERHEITEN: Die dunkelgrünen Blätter sind beidseitig mit borstigen Haaren besetzt. Nur Hummeln mit langen Rüsseln können die Blüte bestäuben.

Trollius europaeus
Trollblume

STANDORT: Benötigt einen sonnigen Standort mit einem durchlässigen lehmigen, nährstoffreichen Boden, der frisch bis feucht sein sollte
HÖHE: 30–40 cm
BLÜTE: V–VI, schalenförmige, kugelige, gelbe Blüte, Duftpflanze, wird von mehreren Wildbienenarten besucht, Ranunculaceae
BESONDERHEITEN: Die Trollblume hat einen aufrechten Wuchs und grünes Laub, die Blätter sind gefiedert, rund bis rundlich. Sie ist ein Flachwurzler. *Trollius europaeus* zählt zu den gefährdeten Arten und steht auf der Roten Liste. Im Randbereich eines Teichs, zusammen mit anderen Wildstauden, entfaltet sie ihre volle Schönheit.

Zwiebelpflanzen für feuchte Standorte

Auch für feuchte Standorte gibt es eine Reihe hübscher Zwiebelpflanzen, die den Präriegarten bereichern.

Die Überdauerungsorgane der Zwiebelpflanzen – Zwiebeln und Knollen – sind ihre Geheimwaffe. Sind die Bedingungen akzeptabel, wachsen und gedeihen sie und tragen hübsche Blüten. Entsprechen die Bedingungen nicht ihren Wünschen, verbleiben sie einfach im Boden und warten auf bessere Zeiten. Unter den Zwiebelblühern für feuchte Standorte sind so bekannte wie die Schachbrettblume und die Winterlinge.

Camassia leichtlinii 'Caerulea'
Blaue Prärielilie

STANDORT: Benötigt einen frischen bis feuchten Boden in sonniger bis ablandiger Lage
HÖHE: 70 cm
BLÜTE: V–VI, sternförmige violett-blaue Blüten in lockeren Trauben an hohen Stielen mit bis zu 100 Blüten, Hyacinthaceae
BESONDERHEITEN: Prärielilien sind sehr robust, vermehren sich gut und sind langlebig. Eine weitere Art ist *Camassia cusickii*, die hellblaue Blüten hervorbringt. *Camassia leichtlinii* 'Sacajawea' hat buntes Laub und rahmweiße Blüten. *Camassia quamash* bleibt mit 40 cm eher klein und blüht dunkelblau. Alle Sorten verwildern gut.

Eranthis hyemalis
Winterling

STANDORT: Liebt einen guten, durchlässigen Gartenboden in halbschattiger bis schattiger Lage, verträgt aber auch Sonne
HÖHE: 5–15 cm
BLÜTE: II–III, gelbe Blüten, die zum Teil sogar im Schnee erscheinen, Ranunculaceae
BESONDERHEITEN: Es dauert eine Zeit, bis der Winterling sich richtig ausgebreitet hat, dann entstehen aber fantastische Gartenbilder. Der Winterling harmoniert wunderbar mit allen Frühblühern wie Krokus, Schneeglöckchen, Märzenbechern.

Erythronium 'Pagoda'
Hundszahnlilie

STANDORT: Liebt humosen lockeren Boden in halbschattiger Lage. Sie kommt zwar auch im Schatten zurecht, entwickelt sich dann aber nicht so prächtig
HÖHE: 30 cm
BLÜTE: IV–V, gelbe nickende Blüten mit nach oben gebogenen Blütenblättern, Liliaceae

RECHTS Sonnig, *Camassia leichtlinii* braucht frischen Boden.
LINKS *Erythronium* 'Pagoda' hat hübsche akeleiartige Blüten.

BESONDERHEITEN: Die Blätter der Hundszahnlilie sind schön gemustert, die Sorte ist langlebig und robust. Hundszahnlilien wachsen langsam, in Gruppen ergeben sich wunderschöne Gartenbilder. Empfehlenswert ist die kleinbleibende (20 cm), weiß blühende *Erythronium revolutum* 'White Beauty'.

Leucojum vernum
Märzenbecher, Frühlings-Knotenblume

STANDORT: Liebt einen sonnigen bis halbschattigen Standort und einen frischen bis feuchten Boden.
HÖHE: 20–30 cm
BLÜTE: II–III, weiße Glockenblüten mit auffälligen grüngelben, zipfeligen Spitzen und gleich langen Blütenblättern, Blüten erscheinen einzeln, selten zu zweit an einem Stängel, Amaryllidaceae
BESONDERHEITEN: Der Märzenbecher benötigt einige Zeit, ehe er sich etabliert hat, aber es lohnt sich zu warten. Wunderschön mit Wildkrokussen und der Schachbrettblume *Fritillaria melegris*.

Narcissus poeticus var. *recurvus*
Pfauenaugen-Narzisse

STANDORT: Bevorzugt einen nicht zu trockenen Standort in Sonne oder Halbschatten
HÖHE: 30 cm
BLÜTE: V, leicht zurückgebogene, weiße Blütenblätter, grünlich gelbe Trompetenblüte mit einem leuchtend roten Rand, Duftpflanze, Amaryllidaceae
BESONDERHEITEN: Die späte Blüte verlängert die Frühlingssaison bei normalem Witterungsverlauf. Die Blüte fällt zusammen mit *Camassia leichtlinii* 'Caerulea' und ergibt ein wundervolles Farbenspiel.

Tulipa sylvestris
Weinbergtulpe

STANDORT: Liebt einen sonnigen bis absonnigen Standort auf trockenem bis frischem Boden
HÖHE: 40 cm
BLÜTE: IV–V, gelbe Blütenblätter, außen leicht grünlich, Liliaceae
BESONDERHEITEN: Die heimische Wildtulpe vermehrt sich über Ausläufer. Sie zählt zu den sehr gefährdeten Arten, weshalb es sich lohnt, sie im Garten an entsprechendem Standort anzupflanzen. Wunderschön zusammen mit anderen Wildpflanzen im Frühlingsgarten.

Präriegarten auf Lehm

Manchmal werden aus den schwierigsten Gegebenheiten die besten Möglichkeiten und die schönsten Gärten.

Dieser wunderschöne Garten entstand in mehreren Etappen rund um ein mit Reet gedecktes Haus. Alles begann so: Nach einem Vortrag in meiner Lieblingsgärtnerei Heischhof-Stauden vereinbarte ich mit den Besitzern des reet gedeckten Hauses, dass ich eine kleine Fläche von 20 m^2 planen und bepflanzen sollte. Davon waren die Gartenbesitzer so begeistert und überzeugt, dass sie mich im darauffolgenden Jahr wieder beauftragten. So entstanden rund um das Haus verschiedene Natur-Prärieflächen mit einem ganz besonderen Charakter, die auf großes Interesse stießen und viel Bewunderung bekamen.

Schwierige Voraussetzungen

Der gesamte Boden des Grundstücks bestand aus Lehm, der erst einmal mit ein wenig Sand und Kiesel 2/8 mm aufgebrochen wurde. Sobald es regnete, stand ziemlich schnell Wasser auf den Flächen und lief schlecht ab. Hier war es also wichtig, entsprechende Pflanzen zu planen. Das Terrassenbeet sollte auf jeden Fall so gestaltet werden, dass niemand von der Straße her auf die Terrasse schauen konnte, es aber auch nicht komplett abgeschottet wirkte. Ich schlug einen Sichtschutz aus Cortenstahl gefüllt mit Holzscheiten vor, wobei einige offene Stellen Durchsicht bieten

sollten. Das setzten die Gartenbesitzer wundervoll um. Es entstand eine ansprechende Beetfläche von rund 130 m² die mit den entsprechenden Stauden bepflanzt wurde, u.a. mit
Lythrum salicaria 'Robert',
Hohem Mädchenauge (*Coreopsis tripteris*), das sich sehr gut versamt hat,
Glattblatt-Aster *(Aster laevis)* 'Caliope',
Wiesen-Knöterich (*Bistorta officinalis*),
Sonnenbraut (*Helenium*),
Hoher Dolden-Glockenblume (*Campanula lactiflora*),
Großblättrigem Phlox (*Phlox amplifolia*),
der wundervollen Schönaster *Kalimeris incisa* 'Madiva' und *Hemerocallis*.

Der Eingangsbereich bekommt durch die reduzierte Farbwahl einen harmonischen und ruhigen Charakter.

Gräser und Gehölze

Bei den Gräsern entschieden wir uns für:
Miscanthus-Gräser,
Rutenhirse (*Panicum*),
Reitgras (*Calamagrostis × acutiflora*) 'Karl Foerster',
Japan-Waldgras (*Hakonechloa macra*).
Sie rundeten die Pflanzung ab. Bei den Aspektstauden kamen noch *Scabiosa ochroleuca* und etliche andere Stauden dazu, die für einen Indian-Summer-Effekt sorgten.

Als Gehölze wählten wir:
Roten Hartriegel (*Cornus sanguinea*) und
Felsenbirne (*Amelanchier*),
die beide in ihrem Aussehen den Indian Summer Effekt verstärkten.

Der Eingangsbereich

Den Eingangsbereich im Norden rechts und links neben der Haustür bepflanzte ich ausschließlich in den Farben weiß und grün mit *Aster divaricatus* und panaschierten Funkien. Kleine blaue Akzente von Kaukasus-Vergissmeinnicht (*Brunnera macrophylla*) 'Jack Frost' und *Geranium renardii* 'Philippe Vapelle', rundeten das Pflanzenbild ab. Begrenzt wurde die Pflanzung mit Japan-Waldgras *Hakonechloa macra*.
Ich bin sehr glücklich darüber, dass eine Präriegartenpflanzung auch auf lehmigem Boden möglich ist.

Der Vorgarten bzw. die Beete rund um den Eingangsbereich sind das »Aushängeschild« eines Gartens. Die Besitzer können sich über diese gelungene Gestaltung freuen.

Gehölze für feuchte Standorte

Gehölze haben es in sich, zumindest wenn es um die Größe geht. Und an feuchten Standorten sind es vor allem Bäume, die hier punkten.

Auch in kleinere Gärten passen Gehölze, und mit Kleinbäumen macht man hier kaum etwas falsch. Wer mehr Platz hat, kann sich mit dem Trompetenbaum oder dem Amberbaum etwas Besonderes in den Garten holen. Der richtige Standort ist wie immer entscheidend, wobei gerade für feuchte Böden wundervolle Gehölze in der Auswahl sind. Da gibt es vom Frühjahr bis zum Herbst attraktive Pflanzen.

Acer saccharum

Kanadischer Ahorn, Zucker-Ahorn

STANDORT: Kann sowohl in der Sonne als auch im Schatten stehen. Bevorzugt schwach sauren, durchlässigen und feuchten Boden
HÖHE: 500–700 cm
BLÜTE: IV, Blüte grün gelblich, Sapindaceae
BESONDERHEITEN: Der Kanadische Ahorn trägt mittelgrünes Laub, das sich im Herbst gelb und orange bis feurig rot färbt. Der Flachwurzler wirkt am besten als Solitär im Garten. Mit ihm wird der Indian Summer noch intensiver.

Amelanchier lamarckii

Kupfer-Felsenbirne

STANDORT: Bevorzugt Sonne bis Halbschatten und trockenen bis feuchten, durchlässigen und schwach sauren oder alkalischen Boden
HÖHE: 5–8 m
BLÜTE: IV–V, weiße Sternenblüten in Trauben angeordnet, fünf Kronblätter und zwanzig Staubblätter, Rosaceae
BESONDERHEITEN: Die Kupfer-Felsenbirne hat unterseits weiß behaarte Blätter, die sich während der Blüte im April entfalten. Sie leuchten kupferrot beim Austrieb, im Sommer wandeln sie sich ins Grünliche um im Herbst ihr strahlend gelbes bis orangerotes Finale zu geben. Ab Juni finden sich erbsengroße, langgestielte, rote Früchte, die später schwarz werden und essbar sind. Sie werden sehr gerne von Vögeln gefressen. Einer der wundervollsten Frühlingsblüher im Garten.

OBEN *Acer saccharum* ist in Nordamerika Ahornsirup-Lieferant.
UNTEN Wunderschönes Farbenspiel bei *Amelanchier lamarcki.*

Catalpa bignonioides
Trompetenbaum

STANDORT: Anspruchslos, bevorzugt aber frische, nährstoffreiche Böden und einen sonnigen bis halbschattigen Standort
HÖHE: 10–15 m
BLÜTE: VI–VII, weiße Rispenblüten mit gelbem Schlund und Flecken in Purpur, sehr reichblühend, Insektenmagnet, Bignoniaceae
BESONDERHEITEN: Nach der Blüte bildet der Trompetenbaum bohnenartige Früchte mit einer Länge bis zu 35 cm, die ein attraktiver Blickfang sind. Das Laub ist herzförmig und grün, im Herbst färbt es sich gelb. Für große Gärten als Einzelstand geeignet. Der Trompetenbaum stammt ursprünglich aus Nordamerika und wächst dort entlang von Flusstälern, kommt aber mit längerer Hitze und Trockenheit gut aus.

Cercidiphyllum japonicum
Lebkuchenbaum, Katsurabaum

STANDORT: Benötigt einen sonnigen bis halbschattigen Standort und einen Boden mit hohem Sand- und Lehmanteil, je saurer der Boden, desto intensiver die Herbstfärbung
HÖHE: 6–15 m
BLÜTE: III–IV, filigrane karminrote Blütenbüschel, die vor dem Laubaustrieb in den Blattachseln sitzen, Cercidiphyllaceae
BESONDERHEITEN: Die Blätter des Lebkuchenbaums sind mitunter beim Austrieb im Mai karminrot, die Blattstiele rot, im Sommer färben sich die Blätter bläulich grün, die Herbstfärbung leuchtet in Gelb-, Rot-, Orange- und Rottönen. Der Baum ist sommergrün, er duftet nach Zimt und Karamell. Ein schöner Baum für den Vorgarten. Bei feuchter Witterung duftet er, sobald es trocken ist, verflüchtigt sich der Duft.

OBEN *Catalpa bignonioides* zählt zu den Klimabäumen.
UNTEN *Liquidambar styraciflua* bereichert den Indian Summer.

LINKS *Gleditsia triacanthos* wächst als Großstrauch oder Kleinbaum. Beim Austrieb sind die Blätter goldgelb.
RECHTS Die Kobushie-Magnolie bringt grazile Blüten hervor.

Gleditsia triacanthos 'Sunburst'
Amerikanische Gleditschie, Gold-Gleditschie

STANDORT: Benötigt einen sonnigen Platz auf feuchtem, nährstoffreichem Boden, überschwemmungstolerant und verträgt auch Trockenheit
HÖHE: 8–12 m
BLÜTE: VI, einfache weiße Blüten, traubenförmig angeordnet, Caesalpiniaceae
BESONDERHEITEN: Die Blätter der Amerikanischen Gleditschie sind doppelt oder einfach gefiedert, beim Austrieb sind sie gelb, verwandeln sich später in gelbgrün. Im Herbst färben sie sich in Brauntönen. Der Baum zählt zu den Tiefwurzlern, er ist relativ trockenheits- und hitzeverträglich.

Liquidambar styraciflua
Amberbaum

STANDORT: Benötigt einen nährstoffreichen Boden in sonniger bis halbschattiger Lage, wächst ursprünglich in Flusstälern und an feuchten Berghängen auf tiefgründigen, nährstoffreichen Böden
HÖHE: 8–20 m
BLÜTE: II–VI, grüngelbe, unscheinbare, kugelförmige Blüten, Hamamelidaceae
BESONDERHEITEN: Der Amberbaum hat glänzendes, stark gelapptes, sternförmiges, grünes Laub, das sich im Herbst wunderschön in Orange bis Rot zeigt. Der natürliche Lebensraum ist im südöstlichen Nordamerika sowie im nördlichen Mittelamerika.

Magnolia kobus
Kobushi-Magnolie

STANDORT: Liebt einen frischen bis feuchten Boden, der humos und durchlässig, leicht sauer bis schwach alkalisch sein sollte, bevorzugt einen sonnigen bis halbschattigen Platz
HÖHE: 8–10 m
BLÜTE: IV–V, auffällige, einfache weiße Blüten mit einem rosa Schimmer, Duftpflanze, Magnoliaceae
BESONDERHEITEN: Der Großstrauch hat silbrig behaarte Knospen und Triebe sowie wechselständige, verkehrt eiförmige, mittelgrüne Blätter, die sich im Herbst gelb färben. Am besten kommt diese Magnolie in Einzelstellung zur Geltung. Der Standort sollte gut gewählt sein, da dieses Gehölz eine Umpflanzung nicht toleriert. Auch einen Rückschnitt verträgt der Großstrauch schlecht.

PRAXIS

Träume können Wirklichkeit werden. Das gilt für vieles im Leben und ein Natur-Präriegarten gehört dazu. Ob Sie nun ein kleines Fleckchen Garten in eine Mini-Prärielandschaft verändern wollen, ein größeres Beet oder den ganzen Garten – alles ist möglich. Voraussetzung: eine gute Planung, Standortanalyse, Pflanzenwahl und Pflege.

Planung im eigenen Garten

Wichtige Aspekte bei der Planung eines Natur-Präriegartens sind der Standort, das vorherrschende Klima, die Bodenvorbereitung, Pflanzung und Pflege.

Stauden wachsen zwar (fast) überall, aber ist der Standort nicht der richtige, dann zeigt die Pflanze, dass sie sich nicht wohlfühlt. Jeder Gärtner und jede Gärtnerin haben das in ihrem Gartenleben sicher schon einmal mehr oder weniger schmerzlich erfahren: Die Pflanzen kümmern, werden häufiger von Schaderregern bedrängt, blühen nicht oder wenig. Learning by doing, heißt es, und das stimmt. Man wird quasi von den Pflanzen mit der Nase darauf gestoßen: »Mein Standort passt nicht, bitte such mir einen besseren aus.« Wer das ein paar Mal erlebt hat, wird die Bedürfnisse der Pflanzen berücksichtigen. Es ist nämlich schade, wenn schöne Gewächse, die vielleicht auch gar nicht billig waren, die Erwartungen nicht erfüllen, weil die Voraussetzungen für ein gesundes Wachstum nicht gegeben sind.

OBEN Hecken begrenzen einen Gartenraum und machen ihn zu einem geschützten Platz. Aus den vorhandenen Gegebenheiten lässt sich etwas machen.

UNTEN Grün, Blau und Weiß dominieren die Gartensituation und schaffen einen Platz zur Erholung.

Der Standort

Für jeden Standort gibt es in Gärtnereien unzählig viele Pflanzen. Daher mein Tipp: Gehen Sie in eine Gärtnerei. Dort werden Sie fachlich beraten. Die Stauden werden häufig vor Ort produziert und man kann sich aus einem großen Sortiment das Passende aussuchen. Sollte einmal eine Staude nicht vorhanden sein, so kann die Gärtnerei eine Alternative vorschlagen oder Ihnen die Stauden bei Kollegen besorgen. Der eventuell höhere Preis ist schnell herausgeholt, denn im Baumarkt fehlt fast immer die gute Beratung, und dann werden mitunter Stauden gekauft, die gar nicht zum Standort passen.

Wo soll die Pflanzenfläche entstehen? Ist es eine Hanglage oder eine ebene Fläche? Wie ist das Bodenprofil, sollte es nachgearbeitet werden? Handelt es sich um eine Freifläche, also volle Sonne und kein Schatten zwischen 11 und 17 Uhr von April bis Oktober? Ist der Boden trocken, frisch, feucht oder nass, die Bodenart leicht oder schwer? Alle diese Komponenten spielen eine große Rolle. Wichtig ist außerdem, ob die vorgesehene Fläche durch Bäume, Sträucher oder Hecken beeinflusst wird. Auch die Klimabedingungen sind ein zu berücksichtigender Faktor für das Gelingen der Pflanzung.

Steppengarten und Teich nebeneinander – die ideale Kombi in Zeiten des Klimawandel.

Mit diesem Wissen können die passenden Pflanzen ausgewählt werden. Ein guter Hinweis auf den Standort sind auch die Zeigerpflanzen (siehe Seite 53). Schauen Sie nach Zeigerpflanzen, die Ihnen verraten, um welchen Boden es sich handelt.

Klimaeinflüsse

Die Klimabedingungen wie Temperatur, Niederschlag, Sonneneinstrahlung und Winterhärte sind wichtig für das Gelingen der Pflanzung. Beschäftigen Sie sich mit dem regionalen Klima, bevor eine Natur-Präriepflanzung angelegt wird. Wir hier in Schleswig-Holstein im äußersten Norden von Deutschland sind bisher mit einem blauen Auge davongekommen. Hitzetage über 30 °C waren selten. Regen war in Teilen ausreichend vorhanden. Das war aber in den letzten Jahren in etlichen Gegenden nicht der Fall. Mittlerweile können in einigen Regionen mediterrane Pflanzungen angelegt werden oder sind zwingend notwendig. Pflanzungen für trockene Freiflächen bieten sich dann an. In anderen Teilen dominieren die submediterranen Arten und echten Steppenpflanzen. Sie gedeihen hervorragend in wärmeren Gebieten. Liegt das Grundstück an einem kleinen Bach, der vielleicht bei Starkregenereignissen zu einem reißenden Gewässer werden kann? Dann schaffen Sie bitte eine Sumpfzone, wo sich das Wasser ausbreiten kann. Auch für diesen Bereich gibt es ausreichend Stauden.

TIPP

Achten Sie darauf, dass es zeitweise oder dauerhaft nicht mehr erlaubt ist, das Grundstück mit Leitungswasser zu wässern. Hier gibt es die Möglichkeit, unterirdische Zisternen anzulegen, wo sich dann das Regenwasser im Laufe des Jahres sammelt, um es für eine Bewässerung zu nutzen.

OBEN Kiesweg und eine mineralische Mulchschicht im Beet sorgen dafür, dass Wasser versickern kann.

UNTEN LINKS Heimische Zeigerpflanzen, hier *Echium vulgare*, geben Auskunft über die Standortverhältnisse.

UNTEN RECHTS Regenwasser sammeln gehört beinahe zum Pflichtprogramm bei der Gartenbewirtschaftung.

CHECKLISTE PFLANZENAUSWAHL

WICHTIGE FRAGEN			
Wie groß ist das Beet?	Klein, weniger als Pflanzenauswahl	Mittel, weniger als Pflanzenauswahl	Groß, mehr als Pflanzenauswahl
Lichtverhältnisse	Sonne Pflanzenauswahl	Halbschatten Pflanzenauswahl	Schatten Pflanzenauswahl
Wie sind die Bodenverhältnisse?	Trockene Bodenverhältnisse Pflanzenauswahl	Normale Bodenverhältnisse Pflanzenauswahl	Nasse Bodenverhältnisse Pflanzenauswahl

Checkliste Planung

Legen Sie die Größe der zu bepflanzenden Fläche fest, damit Sie die verschiedenen Pflanzenarten und -mengen planen können. Die oben stehende Checkliste kann als Anhaltspunkt genommen werden und sorgt für einen groben Überblick. Sollen auch 1–2 Gehölze gepflanzt werden, sollten Sie wissen, wie hoch sie werden und ob sie mit den Klimabedingungen zurechtkommen. Fragen Sie in einer Baumschule nach.

Ideal für Einsteiger: Staudenmischpflanzungen

Mischpflanzungen sind die einfachste Möglichkeit, vielgestaltige und dynamische Staudengemeinschaften mit Prärie- und Steppencharakter zu erzielen. In den Mischungen werden die für einen bestimmten Standort vorgesehenen Arten und Sorten mit genauen Mengenanteilen und Stückzahlen pro Quadratmeter als Pflanzlisten angegeben. Sie lassen sich einfach auf die eigene Beet- oder Gartengröße umrechnen. Die Mischungen werden in einem Arbeitskreis des Bund deutscher Staudengärtner entwickelt und über mehrere Jahre an zahlreichen Standorten geprüft und optimiert. Jedes Jahr kommen neue hinzu.
Weitere Infos zum Charakter, den Arten und Sorten, der Pflege und genaue Pflanzlisten finden Sie auf: www.staudenmischungen.de

Farbwahl

Mögen Sie es bunt oder lieber Ton in Ton? Stehen Pastellfarben hoch im Kurs oder darf es gerne auch richtig knallbunt sein? Sie bestimmen, wie der Garten bzw. die Pflanzung wirken soll und danach wählen Sie die Pflanzen aus. Vergessen Sie aber auch nicht den Winteraspekt, der eine ganz besondere Stimmung zaubern kann. Der Präriegarten kommt im Herbst und Winter meist mit Brauntönen daher. Kontraste sind jetzt gefragt, z.B. wenn sich zu Fruchtständen von *Echinops* oder *Echinacea* helle Gräser wie *Miscanthus* gesellen.

STANDORT	GEEIGNETE MISCHUNGEN
Sonnig und trocken	Blütenmosaik, Blütentraum, Farbensaum, Farbenspiel, Indian Sunset, Indianersommer, Pink Paradise, Silbersommer
Sonnig und feucht	Indian Sunset, Pink Paradise
Halbschattig und trocken bis feucht	Farbensaum

Winter ist eine tolle Zeit zum Planen, das Beste: Präriegärten sind auch im Winter schön, das kann man bei der Planung beachten.

Gut vorbereitet: Der Boden

Damit so eine Pflanzung gut funktioniert, ist es ganz wichtig, dass die Pflanzen zum Boden passen, damit sie auch dauerhaft bleiben. Bitte achten Sie darauf, welche Wurzelunkräuter vorhanden sind. Bei Giersch, Ackerwinde, und Disteln, die meistens sehr tiefwurzelnd sind, ist es mitunter sogar notwendig, einen Bodenaustausch von mindestens 30 cm Tiefe oder mehr zu machen. Wenn Sie dann den Boden wieder mit Oberboden auffüllen, kontrollieren Sie diesen bitte sorgfältig. Ansonsten ist die Fläche sehr schnell wieder komplett verunkrautet. Um das zu verhindern, ist eine gute Bodenvorbereitung ein entscheidender Faktor.

Liegt ein lehmiger und bindiger Boden vor, so kann er durch eine Beimischung von Sand, Kiesel oder Split verbessert werden. Das gröbere Material fördert die Durchlässigkeit des Bodens und verhindert Staunässe. Erhöhen Sie den Anteil dieser Komponenten in den oberen 30 cm auf mindestens 70% .

Bei einem sandigen oder kieshaltigen Boden kann Lehm oder Humus zugesetzt werden, um die Speicherung von Wasser und Nährstoffen zu verbessern.

Die beste Pflanzzeit

Die beste Pflanzzeit ist im Allgemeinen der Herbst (September und Oktober). Eine Frühjahrspflanzung zwischen März und Mai ist aber auch möglich. Bei den Präriestauden hat sich eine Pflanzung im Frühjahr sogar bewährt. Präriestauden brauchen nämlich einen warmen Boden, um gut anzuwachsen und zu gedeihen. Hier sollte dann beachtet werden, dass in den ersten sechs Wochen die Pflanzung gewässert wird. Herrschen im Pflanzjahr Sonne, Hitze und Trockenheit vor, muss auch noch den ganzen Sommer über gewässert werden.

ABRANDELN

Ob Sie nun einen Topf-Präriegarten anlegen wollen oder ein Präriebeet, Sie sollten die Stauden vor der Pflanzung abrandeln. Dafür werden die oberen 2–3 cm des Erdballens nach dem Austopfen entfernt, da dort die ganzen Unkräuter schlummern. Diese Arbeit erleichtert die spätere Pflege deutlich.

Sandbeete anlegen

Pflanzen in Sand? Das geht. Der Pflegeaufwand ist geringer, es wird Wasser gespart und die Pflanzen wachsen prächtig. Probieren Sie es aus.

Wenn Sie ein Stück Rasen in ein wunderschönes Natur-Präriebeet umwandeln möchten, dann geht es auch mit der Sandbeet-Methode, die der Staudengärtner und Inhaber der Staudengärtnerei in Rödelsee Till Hofmann vor einigen Jahren entwickelt hat. Daraus hat sich ein Trend entwickelt, der mittlerweile viele Nachahmer gefunden hat.

Was bedeutet aber die Sandbeet-Methode nun: Es wird eine Rasenfläche, die ein Beet werden soll, mit Brettern eingerüstet und ca. 20 cm hoch Sand darauf verteilt. Diese Menge sollte nicht reduziert werden.Die vorgesehenen Stauden, die immer noch standortgerecht ausgewählt werden müssen, werden direkt in die Sandschicht gepflanzt. Durch die Sandauflage wurzeln die Stauden sehr schnell in die darunterliegende Bodenschicht ein, da Gras und Beikräuter durch den Lichtentzug bald verrotten. Ein ganz großes Plus dieser Methode ist die Zeit- und Arbeitsersparnis. Bei großen

Flächen spart man mit einer Sandpflanzung das Umgraben und zerstört dadurch nicht das Bodenleben in dem gewachsenen Boden.
Bereits im ersten Jahr nach der Anpflanzung zeigt sich das Beet wundervoll eingewachsen, da die Stauden bei der Suche nach Wasser und Nährstoffen viele Wurzeln gebildet haben. Der oberirdische Pflanzenzuwachs ist unter anderem vom Zuwachs des Wurzelvolumens abhängig. Die Samen der Wildkräuter können sich nicht so schnell einwurzeln und benötigen einige Zeit, um die darunter liegende Bodenschicht zu erreichen. Wenn sie es endlich geschafft haben, sind aber die Stauden mittlerweile so groß, dass dem Unkraut das Licht fehlt. Außerdem lassen sich unerwünschte Pflanzen sehr einfach aus dem Boden herausziehen.
Wässern ist nur notwendig bis die Stauden sich durch die Sandschicht in den Gartenboden eingewurzelt haben. Danach kann man auf das Gießen komplett verzichten. Till Hofmann empfiehlt eine Pflanzung im Frühherbst. In dieser Zeit nehmen die Niederschläge zu und man kann auch die Geophyten vor der Sandschüttung direkt in den gewachsenen Boden bringen. Bei nachträglicher Pflanzung sollte man unbedingt ein Durchmischen des Bodens mit der Sandschicht vermeiden.
Die Pflege eines Sandbeets entspricht der Pflege eines Naturpräriebeetes, wie beschrieben auf Seite 180.
Als Sand ist geeignet:
› Flusssand (runde Körnung)
› Brechsand (kantige, sich verzahnende Partikel)
› Estrichsand (runde Körnung 2–8 mm)

Man kann bestimmte Plätze im Garten wunderbar in Sandbeete umwandeln, wie z. B. eine alte Sandkiste. Ich beobachte aber, dass immer mehr Sandbeete angelegt werden, indem der Oberboden 20 cm abgetragen wird. Hier sollte man aber nicht dem Argument verfallen, etwas für den Artenschutz der Wildbienen zu tun. Wildbienen nisten in Sandböden und graben 60 cm tiefe Brutröhren.

Sandbeete, verschieden bepflanzt, sind eine Bereicherung für den Natur-Präriegarten. Wichtig ist die richtige Vorbereitung. An der passenden Standortwahl der Pflanzen ändert die Sandaufschüttung nichts.

OBEN Bodenvorbereitung

MITTE Mineralischer Mulch (Kies) wird vor dem Pflanzen ausgebracht und glatt ausgerecht.

UNTEN Fertig bepflanzt sind noch Lücken vorhanden

Die Pflanzung

Die erste Wahl für den Staudenkauf ist immer eine Staudengärtnerei. Hier können Sie die von Gärtnern angezogenen und getopften Pflanzen erwerben. Nebenbei bekommen Sie sehr gute fachliche Beratung. Im besten Fall haben Sie den Pflanzplan schon erstellt und können die Liste der gewünschten Stauden in der Gärtnerei vorlegen. Dann werden alle Pflanzen als Gesamtpaket zusammengestellt. Das dauert vielleicht einige Tage, aber Sie können dann sicher sein, dass die Stauden auch zusammenpassen. Ich bestelle seit 2007 bei der gut sortierten Gärtnerei Heischhof-Stauden in Krummwisch, eine Gärtnerei, die dem Staudenring angehört. So habe ich fast immer die von mir gewünschten Stauden bekommen. Heute haben allerdings auch viele Staudengärtnereien Onlineshops, die sicher eine Alternative sind, wenn es keine Möglichkeit gibt, die Stauden vor Ort zu kaufen. Auch Pflanzenmärkte sind eine schöne Alternative, nicht nur um Jungpflanzen zu erstehen, sondern auch zum Austausch.

OBEN Die Lücken schließen sich schnell.

LINKS *Calamagrostis × acutiflora* 'Karl Foerster' fungiert hier als Leitstaude.

Wie viel wird benötigt

Um auf die richtige Stückzahl pro Quadratmeter zu kommen, ist es wichtig, sich zu überlegen, wie die Pflanzung später aussehen soll. Ist sie auf sandigem Boden eher lückig geplant, mit Auflockerungen zum Durchgehen und Offenstellen für bodennistende Insekten, dann verwende ich nur fünf Stauden pro Quadratmeter. Die Stauden sollten dann nicht so hoch werden und die Gräser eine Höhe von etwa 1 m nicht überschreiten, es sei denn, man wählt als Leitstaude Riesen-Federgras (*Stipa gigantea*). Die Rispen werden ca. 1,80 m hoch, bleiben aber stets durchsichtig und versperren nicht die Sicht.
Bei einem normalen Gartenboden bietet es sich an, dichter zu pflanzen. Hier plant man am besten 7–8 Stauden pro Quadratmeter ein. Wichtig bei der Staudenmenge ist auch die Randbepflanzung. Sollen es niedrige, kriechende Stauden sein, die über die Wegbegrenzung wachsen dürfen, plant man die Ränder separat. Das soll aber nicht heißen, dass hohe Stauden nicht direkt am Weg wachsen dürfen.

Pflanzplan ja oder nein?

Präriepflanzungen sind Mischpflanzungen, bei der die Pflanzen frei auf der Fläche verteilt werden. Ein Pflanzplan ist daher wenig sinnvoll. Die Mengen der einzelnen Stauden werden anhand der Beetfläche berechnet. Legen Sie zuerst die Leitstauden, dann die Begleitstauden und anschließend die Bodendecker und Aspektpflanzen aus.

Die Einteilung

Wenn Sie fertige Mischpflanzungen nehmen - ich kann die Pflanzpakete vom Bund deutscher Staudengärtner empfehlen (siehe Seite 184) - dann ist die Menge und Anzahl der einzelnen Arten genau aufeinander abgestimmt. Oftmals sind bei den Mengenangaben allerdings nur 10 m^2 oder 100 m^2 angegeben. Dann müssen Sie sich ausrechnen, wie viele Pflanzen von welcher Art benötigt werden. Entscheidend ist die Größe der Beetfläche. Die Pflanzen werden dann eher zufällig verteilt. Man beginnt mit den Leitstauden, die entweder einzeln - bei kleineren Flächen - oder z.B. zu dritt - bei Pflanzungen ab ca. 100 m^2 -gesetzt werden können. Danach gruppiert man die Begleitstauden. Achten Sie auf die Farben in Ihrem Plan und überlegen Sie, ob das so wie gelegt jetzt tatsächlich zusammenpasst. Kontrollieren Sie immer wieder, wie die Stauden liegen und ob das dem späteren Gesamteindruck entspricht. Anschließend werden die Bodendeckerstauden ausgelegt. Achten Sie wie gewohnt auf die Pflanzenabstände, damit die Stauden sich später nicht gegenseitig behindern. Das ist besonders wichtig bei sehr niedrigen und sehr hohen ausladenden Stauden. Wenn sie sich gegenseitig das Licht nehmen, dann wird es einen Verlierer geben.
Zum Schluss kommen die Aspektstauden dran. Sie samen sich meistens aus. Für die Pflege bedeutet das, die Pflanzen stets im Blick zu behalten. Hier setze ich oftmals ausschließlich heimische Arten ein, die wichtig für heimische Insekten sind.
Sie können gut auch einmal Mangold oder eine Kohlart mit einplanen, um dem Kohlweißling Raupenfutter zu überlassen oder Fenchel und Wilde Möhre für die Raupen vom Schwalbenschwanz. Auch Wildstauden wie Wegwarte (*Cichorium intybus*) oder die Rundblättrige Glockenblume (*Campanula rotundifolia*), die bei uns in Schleswig-Holstein gefährdet sind, machen sich wunderbar als Aspektstauden. Wenn sie sich zu sehr versamen, werden sie nach der Blüte einfach zurückgeschnitten.

PIET OUDOLF-EMPFEHLUNGEN

Der bekannte Gartenarchitekt Piet Oudolf empfiehlt, 70% der Fläche den Strukturpflanzen zu geben und 30% den Füllpflanzen. Die Strukturpflanzen sind für den Charakter des Beetes verantwortlich, es sollten Stauden sein, die lange blühen, wie Perovskien und verschiedene Gräser und die auch über den Winter ein schönes Bild schaffen. Die Füllpflanzen beeindrucken durch besondere Blatt- oder Blütenfarben oder Blattstrukturen. Piet Oudolf hat außerdem das Konzept der Matrix-Pflanzung perfektioniert: Hierbei wird eine Fläche mit niedrigen Gräsern und Bodendeckern bestückt, die eine wundervolle Bühne für imposante Stauden und ausgewählte Gehölze bildet.

Geophyten pflanzen

Zum Schluss werden die Geophyten gepflanzt. Am einfachsten ist es, wenn man im Herbst direkt nach der Staudenpflanzung auch die Geophyten setzt. Werden die Stauden im Frühjahr gepflanzt, setzt man im Herbst die Blumenzwiebeln ein. Das schönste Bild ergibt sich, wenn sie ganz zufällig verteilt werden, indem man sie zwischen die Pflanzen wirft und dann einpflanzt.
Bei Blumenzwiebeln heißt es klotzen und nicht kleckern. Ich rechne mit 30–50 Geophyten auf einen Quadratmeter. Je nach Boden werden die Arten ausgesucht. Zu bestellen sind sie ganz einfach in Onlineshops, entweder direkt aus Holland oder bei Staudengärtnereien, die Geophyten anbieten. Mit den Lieferungen bekommt man meistens sehr genaue Angaben über Pflanztiefe, Pflanztermin und wann die Zwiebelpflanzen blühen. Mit den Geophyten startet das Gartenjahr bereits im Februar.

VON LINKS OBEN IM UHRZEIGERSINN Eine Piet-Oudolf-Mischpflanzung beeindruckt zu jeder Jahreszeit. **I** Heimische Wildstauden wie Wilde Möhre und Wegwarte bereichern einen Natur-Präriegarten ungemein. **I** Die Rundblättrige Glockenblume ist ein gern gesehener Gast im Garten und sehr beliebt bei Insekten. **I** Bei Zwiebeln heißt es: klotzen statt kleckern, hier mit Camassien.

TIPP

Nehmen Sie Zwiebeln von Wildformen. Die vermehren sich gut und sind nicht bereits nach einem Jahr verschwunden. Wildkrokusse und Wildtulpen kann ich sehr empfehlen. Bei den Staudenmischpflanzungen werden häufig Vorschläge für passende Geophyten gemacht.

Wurzelnackte Stauden pflanzen

Es kommt immer wieder vor, dass man aus dem eigenen Bestand oder anderswoher Stauden in ein neues Beet einpflanzen möchte. Dann bietet es sich an, zu wurzelnackten Stauden zu greifen. Hier ist aber der Zeitpunkt der Pflanzung ausschlaggebend. Im Herbst ab Oktober und im Frühjahr im März und April ist die beste Zeit zum Pflanzen von wurzelnackten Stauden und auch Gehölzen. Heckenpflanzen werden in den Baumschulen sowieso immer erst ab dem 15. Oktober angeboten. Dann werden sie gerodet und können umgehend bei dem Gartenbesitzer in den vorbereiteten Boden eingepflanzt werden.

Wurzelschnitt

Beachten Sie bitte, dass die Wurzeln vor dem Einpflanzen ein wenig abgeschnitten werden, damit sie im Boden nicht abknicken. Außerdem können die Wurzeln umgehend Wasser ziehen. Gewässert wird direkt bei der Pflanzung. Bei Pflanzen mit Rhizomen, wie z.B. Schwertlilien, ist diese Methode die beste Art der Pflanzung. Wurzelnackte Stauden können aber nicht lange unversorgt gelagert werden, da sie sehr schnell austrocknen.

Pflege des Präriegartens

Natur-Präriegärten, Präriestauden, Kies- und Steppenbeete benötigen weit weniger Pflege als Prachtstaudenbeete. Da häufig Wildstauden mit eingebaut sind, ist es besonders wichtig, durch die einsetzende Dynamik das gewünschte Erscheinungsbild der Pflanzung zu bewahren. Durch eine vorsichtige Steuerung kann man eine Dauerhaftigkeit der Pflanzung erreichen, wobei die Dynamik der Pflanzung sich fortsetzt. Das bedeutet, dass auch bei der Erhaltungspflege vorausschauend vorgegangen werden muss. Man rechnet mit nur einem Drittel der Zeit für die Pflege die man sonst für ein Staudenbeet benötigt. Die Stauden müssen nicht geteilt werden und sie werden nicht umgepflanzt. Die gesamten sich selbst regulierenden Pflanzungen sind geprägt durch den Erhaltungsmechanismus der Arten im Bestand.

Die Pflege besteht aus sechs wichtigen Punkten

› Jäten
› Wässern
› Rückschnitt
› Düngung
› Nachmulchen
› Kontrolle der ausbreitungsstarken Arten

Jäten

Wildkräuter, die nicht verbleiben sollen, dürfen nur gezogen oder ausgestochen werden. Bitte nie mit einer Hacke entfernen. Hacken behindert nämlich die Entwicklung der Stauden und öffnet den Boden für die Keimung von weiteren Unkräutern. Es wird außerdem nur selektiv gejätet. Empfohlen werden häufigere und kurze Pflegegänge, die wirksamer sind als zwei oder drei Pflegegänge in der Vegetationsperiode. Auch wenn meist beschrieben wird, dass die Pflanzung sich selbst reguliert, sollten Sie auf die Grundpflege nicht verzichten.
Bereits im Februar erscheinen nach dem Rückschnitt der Stauden schon die ersten Beikräuter wie das Behaarte Schaumkraut (*Cardamine hirsuta*). Wenn man es nicht rechtzeitig entfernt, ist sehr schnell das gesamte Beet davon übersät. Auch das Drüsige Weidenröschen (*Epilobium ciliatum*),

Gräser und Stauden bleiben über den Winter stehen und werden erst im Spätwinter vor dem Austrieb der Geophyten zurückgeschnitten.

das Kanadische Berufkraut (*Conyza canadensis*), die Kohl-Gänsedistel (*Sonchus oleraceus*), das Behaarte Knopfkraut (*Galinsoga ciliata*) und die Acker-Kratzdistel (*Cirsium arvense*) verbreiten sich schnell, ebenso Tellerkraut (*Claytonia perfoliata*), Garten-Wolfsmilch (*Euphorbia peplus*), Weißer Gänsefuß (*Chenopodium album*) und Löwenzahn (*Taraxacum* sp.). Im Laufe der Zeit lernt man zu unterscheiden, was weg muss und was bleiben kann.

Wässern

Natürlich muss die Neuanpflanzung in den ersten Wochen nach der Anpflanzung gewässert werden. Das gilt darüber hinaus auch für die ersten zwei Vegetationsperioden, vor allem wenn es sehr heiß und trocken und der Boden sehr durchlässig ist. Die Trockenheitsbeständigkeit der Pflanzen wird durch ein durchdringendes Wässern erreicht. Wenn die Stauden und Mischungen richtig ausgewählt sind, ist ein dauerhaftes Wässern später nicht notwendig. Bei zu viel Wässern verringert sich die Standfestigkeit der Pflanze und der Pflegebedarf erhöht sich.

Rückschnitt

Eine Präriepflanzung muss überwiegend nur im zeitigen Frühjahr geschnitten werden, da dann der Austrieb der Geophyten erfolgt. Spät austreibende Gräser wie Rutenhirse, Chinaschilf oder Lampenputzergras können erst im April geschnitten werden. Das ist unter Umständen wichtig, da es Insekten gibt, die ihre Eier in die Grashalme legen und die entsprechenden Insekten erst im Frühjahr wieder ausschlüpfen. Größere Flächen können mit einer Motorheckenschere, einem Balkenmäher oder Schlegelmäher geschnitten werden. Die Schnitthöhe beträgt 3–8 cm über dem Boden. Es gibt aber Ausnahmen: Wintergrüne Arten sowie Gräser z.B. *Festuca mairei* und Halbsträucher, z.B. *Hyssopus officinale* oder *Verbascum bombyciferum* werden einzeln geschnitten.

Düngung

Präriepflanzungen werden nicht gedüngt. Daher ist es auch ratsam, nicht mit organischem Mulch zu arbeiten, denn auf diese Weise wird Stickstoff eingetragen. Das kann negative Folgen für die Stauden und auch für die Gräser haben. Eine Düngung ist nur bei Mangelerscheinungen nötig.

Nachmulchen

Alle fünf Jahre sollte die freie Fläche um die Pflanzen herum erneut mit dem Mulchmaterial ca. 1 cm hoch abgedeckt werden, da sich durch den täglichen Staubeintrag eine leichte Humusschicht gebildet hat und diese jetzt wieder dadurch verdeckt wird.

Kontrolle der ausbreitungsstarken Arten

Es ist wichtig, regelmäßig nach Ablegern Ausschau zu halten und sie zu reduzieren, wie z.B. bei den sich stark aussäenden Aspektstauden. Vielleicht freut sich auch die Nachbarin über einen Ableger.

Prärie und Feuer

Neues Leben durch Feuer? In der Prärie ist das möglich.

Bei Präriepflanzen liegen die Vegetationspunkte tiefer als bei unseren europäischen Pflanzen. Daher treiben die Präriestauden und -gräser auch erst spät im Frühjahr aus. Sie benötigen dafür eine Temperatur von ca. 12–15 °C. Der tiefe Vegetationspunkt ist aber auch der Grund dafür, warum Feuer den Präriepflanzen nichts anhaben kann. Die Ureinwohner in Nordamerika brannten häufig einen Teil der Flächen ab, um für ihre Bisonherden das frische, zarte Grün zu nutzen. Die kontrollierten Brände waren Teil der Umweltzyklen und dienten der Erhaltung der Lebensräume der Wildtiere.

Schöpfungskraft

Was ursprünglich von Kolonisten als Wildnis wahrgenommen wurde, war das Ergebnis gelegentlicher Brände, die ein absichtliches Mosaik aus Grasland und Wäldern in ganz Nordamerika erzeugten. Auch Unwetter setzten die Flächen alle 4–5 Jahre in Brand. Präriegräser wie Großer und Kleiner Blauhalm (*Andropogon* und *Schizachyrium*), Präriehirse (*Panicum*), Goldbartgras (*Sorghastrum*) oder Tautopfengras (*Sporobolus*) brennen lichterloh, entwickeln aber kaum Rauch. Das kann man auch bei Astern und Purpursonnenhüten (*Echinacea*) bis hin zu Scheinastern (*Vernonia*) beobachten. Die Asche versorgt die neu austreibenden Pflanzen dann mit wichtigen Nährstoffen wie Stickstoff und Kalium.

OBEN LINKS Viele Pflanzen im Süden der USA, im Mittelmeerraum oder in Australien brauchen das Feuer zur Fortpflanzung. Das gilt auch für die Tussock-Prärie.

UNTEN LINKS Feuer in der Natur

RECHTE SEITE Im Garten bzw. in der Natur etwas abzubrennen, kann gefährlich sein. Es bedarf der Genehmigung durch die Gemeinde, Nachbarn sollten informiert werden. Feuer dürfen nie unbeaufsichtigt bleiben.

Richtig mulchen

Offene Bodenflächen werden relativ bald von Pflanzen besiedelt. So wurzeln sich sehr schnell unerwünschte Sämlinge ein. Um das auf den Beeten zu verhindern, wird im Präriegarten gemulcht. Die Mulchschicht sollte aber nur in einer Höhe von ca. 2–5 cm aufgebracht werden. Als Mulch werden häufig zerkleinerte Pflanzenmaterialien wie z.B. Stroh, Rindenmulch, Gras, Miscanthushäcksel, Laub, usw. verwendet. Die Materialien reduzieren oder stoppen eine Verschlemmung und Erosion des Bodens und sorgen für die Förderung der Humusversorgung. Gleichzeitig dient Mulch als Verdunstungsschutz und Unkrautbekämpfung. Im Präriebeet ist eine mineralische Mulchschicht in einer Höhe von 5-10 cm empfehlenswert, mit Schüttstoffen wie Kiesel in unterschiedlichen Stärken, Sand, Split oder auch Schotter. Es soll kein Nährstoffeintrag erfolgen.

Wirkung organischer Mulchmaterialien

Die verschiedenen Mulcharten haben unterschiedliche Einsatzbereiche. Nicht jedes Mulchmaterial eignet sich für jeden Zweck. Es sollte gezielt ausgewählt werden:

› Rindenmulch wird in schattigen bis halbschattigen Lagen auf Beete verteilt. Dadurch wird verhindert, dass der Boden austrocknet. Aber Vorsicht: Oftmals weiß man nicht, woher die Rinden stammen (Nadel- und Laubgehölze). Sie können Gerbsäure enthalten und wirken dadurch keimhemmend. Nach einiger Zeit auf dem Beet sollte Rindenmulch durchgehackt werden, damit sich

OBEN Rindenmulch

MITTE Kompostmulch

UNTEN Miscanthusmulch

OBEN Eine Kombination aus Mineralmulch und gröberem Kies ist für einen Weg gut geeignet; der Boden wird nicht versiegelt.

LINKS Mineralischer Mulch ist Standard bei Präriebepflanzungen.

Sauerstoff und keine Säure bildet, die bei vielen Pflanzen zu Wachstumseinschränkungen führt.

- Stroh wird häufig im Gemüsegarten eingesetzt z.B. zwischen den Erdbeerreihen. Die Belüftung wird zwar gefördert, aber der Stickstoff wird im Boden fixiert. Hier wird eine zusätzliche Stickstoffdüngung benötigt. Positiv ist, dass es meist weniger Schneckenfraß gibt.
- Eine Mulchschicht aus Kompost, Blättern oder anderen gehäckselten Pflanzenteilen fördert das Bodenleben und ist gleichzeitig ein Schutz.
- Rasenschnitt kann überall angewendet werden. Er reichert den Boden mit Stickstoff an. Allerdings vertragen nicht alle Pflanzen so viel Stickstoff und schießen dann ins Kraut, werden instabil und kippen um. Das geschieht häufig im Staudenbeet. Daher: Weniger ist mehr.
- Bei Mulch aus Pflanzenmaterialien sollte vor der kompletten Verrottung erneut gemulcht werden.

Mineralischer Mulch

Kiesel, Split und Lava werden auf Pflanzungen verwendet, wo kein Nährstoffeintrag stattfinden soll. Die Materialien werden bevorzugt bei Prärie-, Steppen- und Kieselgärten eingesetzt. Für die Pflanzung wird das Material in einer Körnung von 2–16 mm und einer Höhe von 7–10 cm aufgetragen. Ich bevorzuge die Abdeckung der Pflanzung mit einer Körnung von 2–8 mm. Diese Körnung trocknet zwar schneller aus als Split, aber in unserer Region wird Kiesel abgebaut. Daher verzichte ich auf den Split, der erst von weiter her transportiert werden muss. Bei Bedarf und wegen

Nachmulchen steht regelmäßig auf dem Pflegeprogramm.

Die Hohe Fetthenne verträgt den Rückschnitt gut.

der Optik streue ich noch einmal eine gröbere Kieselschicht in einige Bereiche. Hier wurzeln sich nur die Pflanzen ein, die in diesem Boden auch am Naturstandort wachsen. Der Boden darunter wird feucht gehalten. Das Nachmulchen sollte im Schnitt alle 4–5 Jahre erfolgen mit einer erneuten Schicht von maximal 1–2 cm. Damit wird wiederum das sofortige Einwurzeln von unerwünschten Nebenkräutern verhindert.

Pflege im Spätwinter und Rückschnitt

Der Rückschnitt der Stauden erfolgt im Spätwinter bzw. im zeitigen Frühjahr. Durch die unterschiedlichen Blütezeiten wirken die verblühten Pflanzen mit ihren Samenständen wie kleine Skulpturen und vermitteln ein wundervolles Bild. Einzelne Arten sollten aber schon nach dem Verblühen rechtzeitig abgeschnitten werden, da sie sich stark versamen. Wintergrüne Arten wie das Gras Atlas-Schwingel (*Festuca mairei*) oder Halbsträucher wie Blauraute (*Perovskia atriplicifolia*), Bartblume (*Caryopteris*) oder Ysop (*Hyssopus officinalis*) bitte nicht so früh zurückschneiden. Das kann geschehen, wenn abzusehen ist, dass die Temperaturen nicht wieder für einige Tage unter null Grad fallen. Gerade bei mir hier im Norden darf auch das Mexikanische Federgras (*Stipa tenuissima*) nicht zurückgeschnitten werden, da hier die Spätfrostgefahr einfach zu hoch ist. Gräser wie *Miscanthus* lässt man noch etwas länger stehen, da unter Umständen Insekten in den Stängeln überwintern, die bei warmen Temperaturen erst schlüpfen bzw. den Stängel verlassen. Sie werden erst geschnitten, wenn sie anfangen auszutreiben. Auf jeden Fall sollte der Rückschnitt vor dem Austrieb der Frühjahrsgeophyten erfolgen. Bei den milden Wintern, die wir jetzt haben, kann das manches Mal schon Ende Januar der Fall sein.

So wird's gemacht

Die Pflanzen werden bodennah zurückgeschnitten. Je nach Größe der Fläche erfolgt der Schnitt per Hand mit der Gartenschere. Wird die Fläche aus organisatorischen Gründen erst später geschnitten, dann sollte dieses unter Schonung der Blumenzwiebeln ebenfalls mit der Hand geschehen.
Je nach Größe der Fläche kann natürlich auch mit anderen Geräten, wie z.B. mit einer Motorsäge, einem Freischneider oder mit einem Balkenmäher gemäht werden. In privaten Gärten verfügt man vielleicht über einen Freischneider. Mit ihm sollte man sorgsam umgehen, da unter Hecken z.B. Tiere überwintern und sie verletzt werden können. Balkenmäher werden oft auf öffentlichen Flächen eingesetzt oder in naturbelassenen Gärten. Durch den höhenverstellbaren Führungsholm kann man sich die Arbeit im Garten erleichtern. Die Schnitthöhe sollte dann mindestens 3–10 cm betragen. Die wintergrünen Arten müssen auch bei dieser Methode ausschließlich mit der Hand geschnitten

Gräser werden am besten mit der Heckenschere zurückgeschnitten.

Ein Chelsea Chop bei *Veronicastrum* fördert die Verzweigung.

werden. Bei mineralischem Mulch auf den Beetflächen muss das Mähgut abgeräumt werden, da keine Nährstoffe eingetragen werden sollen. Damit bleibt dann auch der steppenartige Charakter der Pflanzung erhalten.

Wann sich ein Rückschnitt lohnt

› Es gibt Stauden, bei denen sich ein Sommerrückschnitt lohnt. Vor allem bei den remontierenden Arten ist das sinnvoll: Katzenminze (*Nepeta*) sollte nach der ersten Blüte auf jeden Fall auf 2–3 cm heruntergeschnitten werden. So erblüht sie im September noch einmal. Ebenso verhält es sich mit Steppensalbei (*Salvia nemorosa*). Bevor der Salbei völlig verblüht ist, schneidet man die Blütenstängel bodentief ab. Sieht zwar nicht so schön aus, aber auch hier erblüht alles wieder sehr kräftig im September und hält bis in den späten Herbst an. Zu dieser Gruppe gehören u.a. auch noch Kugeldistel, Feinstrahlaster, Brennende Liebe und Sterndolden.

› Bei anderen Stauden wie Sonnenbraut, Skabiosen, Färberkamille und Schafgarbe kann man eine Nachblüte fördern, indem man die verblühten Blüten abschneidet, um eine Samenbildung zu verhindern. Stauden, die sich stark versamen, wie Akelei, Kanadische Goldrute, Jakobsleiter, Dreimasterblume oder auch einige Storchschnäbel, kann man nach der Blüte zurückschneiden, um die Aussaat zu verhindern.

› Flammenblumen und Astern können bereits vor der Blüte geschnitten werden. Dabei wird der Haupttrieb gekappt, um eine Verzweigung zu fördern. Das Pinzieren, auch als »Chelsea Chop« bekannt, wird im Mai oder Juni durchgeführt.

› Sträucher und Bäume bekommen je nach Art und Sorte unterschiedliche Schnitte verpasst.

Verschiedene Schnitte

› Der Auslichtungsschnitt dient dazu, Licht und Luft in den Strauch zu bringen. Regelmäßig gemacht, hilft es dem Strauch, sich ständig zu erneuern.

› Ein regelmäßiger Rückschnitt im Winter wird bei sommer- und herbstblühenden Arten gemacht.

› Ein regelmäßiger Rückschnitt unmittelbar nach der Blüte ist erforderlich bei einigen im Frühjahr blühenden Gehölzen.

› Beim Sommerschnitt erreicht man eine zusätzliche Blüte.

› Beim Form- und Heckenschnitt kann man bei einzeln stehenden immergrünen Sträuchern und Hecken bestimmte Formen schneiden (Kugeln, Figuren).

› Lediglich ein Korrekturschnitt bei Astabbrüchen oder anderen Havarien ist nötig beim Japanischen Ahorn, der Zaubernuss oder auch bei der dekorativen Felsenbirne.

Adressen und Bezugsquellen

Auf der Homepage des Bunds deutscher Staudengärtner (BdS) - www.stauden.de - wird auch über die Ergebnisse des »Arbeitskreises Staudensichtung« berichtet. Die dort genannten Sorten erleichtern die Auswahl aus der Fülle von Stauden. Auf der Seite www.staudensterne.de sind sie übersichtlich und aktuell dargestellt. Wer sich intensiver mit dem Thema Stauden beschäftigen will oder Kontakte zu anderen Liebhabern sucht, kann sich an folgende Adressen wenden:

Bildungsstätte Gartenbau
Gießener Str. 47
35305 Grünberg
www.bildungsstaette-gartenbau.de

Bund deutscher Staudengärtner (BdS)
Godesberger Allee 142-148
53175 Bonn
www.stauden.de

Gesellschaft der Staudenfreunde e.V. (GdS)
Am Scheibenberg 6 A
79336 Herbolzheim
www.gds-staudenfreunde.de

Staudengärtnereien

Die Staudengärtnereien sind nach Postleitzahlen sortiert und ohne Anspruch auf Vollständigkeit.

Staudengärtnerei Manig
Klaus-Peter Manig
Parkweg 19
04938 Uebigau
www.stauden-manig.de

Foerster-Stauden GmbH
Wolfgang Härtel
Am Raubfang 6
14469 Potsdam-Bornim
www.foerster-stauden.de

Karsten Klimke
Staudenkulturen
Platz der Jugend 15
14959 Trebbin
www.klimke-stauden.de

Härlen Staudengärtnerei
Unter den Linden 100
21435 Stelle
www.haerlen-stauden.de

Staudenkulturen
Klingel + Luckhardt
Fliederweg 10
21789 Wingst
www.stauden-klingel-luckhardt.de

Pflanzenkulturen Tolksdorf & Beckers GbR
Heidkamp 12 a
24326 Kalübbe
www.biostauden-tb.de

Heischhof-Stauden
Heisch 1
24796 Krummwisch
www.heischhof-stauden.de

Staudengärtnerei Wichmann GmbH & Co. KG
Wallweg 1
26215 Wiefelstede
www.stauden-wichmann.de

Pöppel-Stauden
Hauptstr. 95/An der B 51
28816 Stuhr
www.poeppel-stauden.de

Staudengärtnerei Eskuche
Am Söhnholz 17
29664 Ostenholz
www.stauden-eskuche.de

Lohhof-Stauden
Burkhard Früchtenicht
Lohhof 28
31600 Uchte
www.lohhof-stauden.de

Stauden Junge
Seeangerweg 1
31787 Hameln
www.stauden-junge.de

Stauden-Setter
Neunkirchener Str. 451
33334 Gütersloh-Spexard
www.stauden-setter.de

Staudenkulturen
Wauschkuhn GbR
Mühlenberg 7/Tiefe Wiesen 1
34346 Hann. Münden
www.staudenkulturen-wauschkuhn.de

Stauden Volkmann
Schillerstr. 34
35452 Heuchelheim
www.stauden-volkmann.de

Floragarten Weinreich
Neue Str. 1
39326 Wolmirstedt
www.floragarten-weinreich.de

HORTVS - Peter Janke
Gartenkonzepte
Hochdahler Straße 350
40724 Hilden
www.peter-janke-gartenkonzepte.de

Staudenkulturen Stade
Beckenstrang 24
46325 Borken-Marbeck
www.stauden-stade.de

Stauden Becker GmbH
Försterstraße 42
46539 Dinslaken
www.stauden-becker.de

Wildpflanzengärtnerei
Strickler GmbH
Weinheimer Landstraße 71
55232 Alzey
www.gaertnerei-strickler.de

Staudengärtnerei Eidmann
Groß-Umstädterstr. 20
64823 Groß-Umstadt-Semd
www.staudengaertnerei-eidmann.de

Staudengärtnerei Kirschenlohr
Im Lammsbauch 29
67346 Speyer
www.stauden-kirschenlohr.de

Michael Moll
Winterharte Gartenstauden
Leinfelder Str. 37
70771 Leinfelden-Echterdingen
www.moll-stauden.de

Häussermann Stauden
und Gehölze GmbH
Im Kornfeld 4
71696 Möglingen
www.haeussermann.com

Erika Jantzen
Sindelfinger Str. 85
72070 Tübingen
www.stauden-jantzen.de

Staudengärtnerei Schöllkopf GbR
Gewand Heckwiesen
72770 Reutlingen
www.staudengaertnerei.net

Stauden Müller
Im Sol 1
78609 Tuningen
www.staudenmueller-tuningen.de

Gräfin von Zeppelin OHG
Weinstr. 2
79295 Sulzburg-Laufen
www.graefin-von-zeppelin.de

Stauden Panitz
Am Frauenwald 1
84056 Rottenburg
www.stauden-panitz.de

Stauden Haid
Kleine Zellgasse 21
85049 Ingolstadt
www.stauden-haid.de

Staudengärtnerei
Gaißmayer GmbH & Co. KG
Jungviehweide 3
89257 Illertissen
www.gaissmayer.de

Staudenkulturen
Doris Ehrhardt & Stefan Ort
Neustadter Str. 25
91085 Weisendorf
www.stauden-ehrhardt.de

Staudengärtnerei
Augustin
Neunkirchener Str. 15
91090 Effeltrich
www.stauden-augustin.de

Bamberger Staudengarten
Gundelsheimer Str. 80
96052 Bamberg
www.bamberger-staudengarten.de

Die Staudengärtnerei
Till Hofmann & Fine
Molz GbR
Alte Iphöfer Str. 27
97348 Rödelsee
www.die-staudengaertnerei.de

Gärtnerei Klenart-Stauden
Stotterheimer Str. 16
99087 Erfurt
www.klenart-stauden.de

Stauden- und Friedhofsgärtnerei
Bartel
Am Tennisplatz 4
99092 Erfurt
www.gaertnerei-bartel.de

Staudengärtnerei Poltermann
Weimarische Str. 27f
99099 Erfurt
www.stauden-poltermann.de

Österreich
Sarastro Stauden
A-4974 Ort im Innkreis
www.sarastro-stauden.com

Schweiz
Eulenhof Staudengärtnerei
Schaufelgasse 34a
CH-4313 Möhlin
www.eulenhof-stauden.ch

Die Wildstaudengärtnerei AG
Neumühle 2/Waldibrücke
CH-6274 Eschenbach
www.wildstauden.ch

Staudengärtnerei
Roger Vogt
Wannenstrasse 21
CH-8703 Erlenbach
www.vogtstauden.ch

Hauenstein AG
Landstr. 42
CH-8197 Rafz
www.hauenstein-rafz.ch

Blumenzwiebeln

Küpper Blumenzwiebeln und
Saaten GmbH
Hessenring 22
37254 Eschwege
www.kuepper-bulbs.de

Albrecht Hoch
Potsdamer Str. 40
14163 Berlin
www.albrechthoch.de

Fluwel
Belkmerweg 20A
NL-1754 GB Burgerbrug
www.fluwel.nl

Kräuter- und
Staudengärtnerei
Frederik Moos
Knüll 13
24256 Fargau
www.gaertnerei-moos.de

Kräuter und Stauden
Hasbach
Seeblick 7
24860 Klappholz
www.kraeuter-hasbach.de

Gebietseigene Stauden und Saaten aus Schleswig-Holstein
Archegärtnerei der Blütenmeer GmbH
Seeblick 7
24860 Klappholz
April bis Oktober: werktags von 9–16 Uhr (und nach Vereinbarung)
www.bluetenmeer-gmbh.de/

Garten der Horizonte
Lerchenfeldstauden
Maria Luer
Lerchenfeld 25
25436 Heidgraben
www.gartenderhorizonte.de
Termine bitte erfragen

Staudengärtnerei Peters
»Allerlei Seltenes«
Auf dem Flidd 20
25436 Uetersen
Tel.: 04122-33 12
www.shop.alpine-peters.de

Saatgut und Staudensamen

Jelitto Staudensamen GmbH
Am Toggraben 3
29690 Schwarmstedt
www.jelitto.com
(riesiges Sortiment, viele Raritäten)

Rieger-Hofmann GmbH
In den Wildblumen 7
74572 Blaufelden
www.rieger-hofmann.de
(Saatgut heimischer Pflanzen)

Saatguttausch der Gesellschaft der Staudenfreunde
Informationen unter
www.gds-staudenfreunde.de

Umweltverbände

Entomologischer Verein Krefeld e.V.
Magdeburger Str. 38-40
47800 Krefeld
www.entemologica.org

Unabhängiges Kuratorium Landschaft Schleswig-Holstein
Verband für Naturschutz und Landschaftspflege e.V.
Dr. Kuno Brehm
Ringstr. 9
24802 Emkendorf
www.kuratorim-landschaft-sh.de

Naturschutzbund Deutschland e.V. (NABU)
Charitéstr. 3
10117 Berlin
www.berlin.nabu.de

Bund für Umwelt und Naturschutz Deutschland e.V. (BUND)
Bundesgeschäftsstelle
Kaiserin-Augusta-Allee 5
10553 Berlin
www.bund.net

Wertvoll im Netz
Tagfalter Monitoring des Umweltforschungszentrums (UFZ) Halle
www.tagfalter-monitoring.de

Gesellschaft für Schmetterlingsschutz e.V.
www.falter-garten.de

Nabu Eckernförde,
Bestellung bei Marx Harder,
mail: marxharder@t-online.de
Falter-Memo mit 16 Schmetterlingsarten aus fünf Familien

Wertvolle Hilfe bei der Planung
Petra Pelz
www.pflanzenreich-app.de

Baumschulen

Lorenz von Ehren
www.lve-baumschule.de

Gnutzer Baumschulen GmbH & Co. KG
Itzehoer Str. 99
24622 Gnutz
www.gnutzer-baumschulen.de

Literatur

Anja Eder: Wildbienenhelfer. Wildbienen und Blühpflanzen. Verlag Tipp 4

Detlef Kolligs: Schmetterlinge Norddeutschlands. Wachholtz-Verlag

Goulson, Dave: Bienenweide und Hummelparadies – Eine praktische Anleitung für Bienenliebhaber. Carl Hanser Verlag, München

Goulson, Dave: Wildlife Gardening – Die Kunst im eigenen Garten die Welt zu retten.

Heinz Wiesbauer: Wilde Bienen, Biologie, Lebensraumdynamik und Gefährdung. Verlag Eugen Ulmer, Stuttgart

Josef Settele et al.: Schmetterlinge: Die Tagfalter Deutschlands. Verlag Eugen Ulmer, Stuttgart

Marie-Luise Kreuter: Der Bio-Garten. BLV Verlag, München

Paul Westrich: Wildbienen – die anderen Bienen. Verlag Dr. Friedrich Pfeil

Paula Polak: Pflegeleichte Naturgärten gestalten. Gut für die Artenvielfalt – erholsam für den Menschen. BLV Verlag, München

Rainer Ulrich: Wer flattert hier: 132 Schmetterlinge beobachten und bestimmen. Kosmos Verlag

Rolf Reinhardt, Alexander Harpke et al.: Verbreitungsatlas der Tagfalter und Widderchen Deutschlands. Verlag Eugen Ulmer, Stuttgart

Sylvia Knittel, Ina Timm: Robuste Traumbeete gestalten: Wie Sie mit Blumenzwiebeln Ihre Beete für das Klima gestalten. BLV Verlag, München

Register

Fett gedruckte Zahlen verweisen auf Abbildungen

Über die Autorin

Anke Clark, geboren 1945 in Flensburg und aufgewachsen in Süderbrarup, arbeitete zunächst als Krankenschwester in Schleswig und studierte anschließend Sozialökonomie an der HWP (Hochschule für Wirtschaft und Politik) in Hamburg. Bereits 1964 las sie das Buch »Der stumme Frühling« von Rachel Carson. Hier erkannte sie, wie gefährdet die Umwelt ist und engagierte sich im Umweltschutz im Deutschen Bund für Vogelschutz (NABU).

Das Haus im Hamburger Randgebiet, welches sie 1980 mit ihrem Ehemann Francis und den beiden Töchtern Anne Jennifer und Joan Carol bezog, war auf einem 2.000 m^2 großen Grundstück errichtet. Hier konnte sie ihrer Gartenleidenschaft nachgehen. Durch die Heirat 1968 mit einem Engländer kam es zu etlichen Aufenthalten in Großbritannien. Häufig besuchte sie auf dem Weg zur Fähre die Gärtnerei von Beth Chatto, Gärtnerin und Buchautorin, um Pflanzen mit nach Deutschland zu nehmen. Die vielen wundervollen Gärten inspirierten sie zur Anlage des eigenen Gartens und so war sie in kürzester Zeit vom Gartenvirus infiziert. Der Garten war parkähnlich angelegt. Die unterschiedlichen Gartenräume wurden mit vielen Stauden und historischen Strauchrosen bepflanzt. Schon damals beriet die Hobbygärtnerin Gartenliebhaber und gab ihr Wissen über historische Rosen und Stauden gerne weiter. Die jährlichen Rosenfeste waren jedes Mal ein Ereignis für die vielen Gäste. 2005 öffnete sie den Garten im Rahmen der Aktion »Offener Garten« ein einziges Mal, bevor sie das Haus 2006 in Kisdorf und auch ihren wunderschönen kleinen englischen Laden »Specialities - English Style and Design« in Kiel verkaufte, um in die Nähe der Kinder und Enkel zu ziehen.

Als Autodidaktin machte sich Anke Clark Anfang 2007 im Alter von 61 Jahren als Gartenplanerin selbstständig. Mittlerweile hat sie viele Natur-Präriegärten angelegt. Im Frühjahr 2021 veröffentlichte sie ihr erstes Buch im Eigenverlag: »Blütenvielfalt für Insekten - Artenschutz im Natur-Präriegarten für Wildbiene, Schmetterling und Co.«. Heute wohnt die Autorin in Kiel. Sie hält Vorträge und plant weiterhin Gärten in Norddeutschland und auch in anderen Teilen Deutschlands. Durch mehrere Artikel in Fach- und Gartenzeitschriften wie »LandGang«, »Mein schöner Garten«, »Gartenflora Spezial«, »Landgarten«, »Das Haus«, »Der Hausmeister« und verschiedenen Tageszeitungen ist sie im deutschsprachigen Raum als Planerin für Natur-Präriegärten bekannt.

Impressum

© 2023 GRÄFE UND UNZER VERLAG GmbH,
Postfach 860366, 81630 München

BLV

BLV ist eine eingetragene Marke der GRÄFE UND UNZER VERLAG GmbH, www.blv.de

ISBN 978-3-96747-124-3

1. Auflage 2023

Projektleitung: Dr. Folko Kullmann
Lektorat: Christine Weidenweber
Bildredaktion: Esther Herr, Natascha Klebl (Cover)
Korrektorat: Denise Bentz
Umschlaggestaltung und Layout: kral & kral design, Dießen a. Ammersee
Herstellung: Susanne Fuhrmann
Satz: Anton Walter, Gundelfingen
Repro: Longo AG, Bozen
Druck: aprinta GmbH, Wemding
Bindung: Conzella, Pfarrkirchen

Umwelthinweis:
Nachhaltigkeit ist uns sehr wichtig. Der Rohstoff Papier ist in der Buchproduktion hierfür von entscheidender Bedeutung. Daher ist dieses Buch auf PEFC-zertifiziertem Papier gedruckt. PEFC garantiert, dass ökologische, soziale und ökonomische Aspekte in der Verarbeitungskette unabhängig überwacht werden und lückenlos nachvollziehbar sind.

Bildnachweis

Adobe Stock: 017-3, 018, 021-2, 023-3, 031-1, 040-1, 067-2, 069, 071-3, 077-2, 077-3, 091-2, 101-2, 103-1, 111-1, 111-2, 112, 116-1, 119-1, 123-1, 123-2, 126-1, 126-2, 129-3, 130-2, 131, 132-2, 133-2, 144-2, 145, 151-1, 157-2, 158-1, 178-1, 182-183; **Alamy Stock Foto/Dembinsky Photo Associates/Dominique Braud:** 031-2; **/Terry Donnelly:** 026-2; **/Frank Hecker**: 081-3; **/Gina Kelly:** 116-2; **/John Martin:** 084-2, 144-1; **/McPhoto Mueller:** 055-2; **/Grigory Pil:** 015-4; **/Manfred Ruckszio:** 083-1; **/Robert Ruidl:** 022; **/Zoonar GmbH**: 176-1; **Botanikfoto/Heinz Hauser:** 084-1; **/Steffen Hauser:** 083-2, 107-1; **Anke Clark**: 001, 008, 011, 012-1, 012-2, 015-1, 015-2, 017-1, 019, 021-1, 021-3, 023-1, 023-2, 034-1, 036-2, 036-3, 037-1, 037-2, 038-1, 038-2, 040-2, 042-1, 042-3, 043-2, 045-1, 048-1, 048-2, 049, 053, 054, 056-057, 057-3, 060-061, 061-2, 068, 071-1, 072-3, 074, 075-2, 081-2, 085-2, 086, 087-1, 087-2, 093-1, 093-2, 094-1, 097, 098, 099-2, 101-1, 102-1, 102-2, 102-3, 103-2, 105-2, 106-2, 107-2, 109-1, 120, 121-1, 121-2, 121-3, 135-2, 137-1, 139-1, 139-2, 140, 141-1, 141-2, 141-3, 143-2, 146, 147-1, 147-2, 147-3, 149-1, 149-2, 155-1, 155-2, 155-3, 162-1, 162-2, 165-1, 167, 171-1, 171-2, 173-3, 173-4, 175, 179-1, 179-2; **Flora Press/Otmar Diez:** 046-2; **/Philippe Giraud:** 177; **/Sibylle Pietrek:** 136-1; **GAP Photos:** 180-1, 180-2, 181-2; **/Jonathan Buckley/Design: John Massey, Ashwood Nurseries:** 046-1; **/Carole Drake:** 164; **/Jenny Lilly:** 173-1; **/Robert Mabic:** 115; **/Perry Mastrovito:** 178-2; **/Nova Photo Graphik:** 159-1; **/Jerry Pavia**: 034-3; **Max Harder:** 109-2; **Frank Hecker Naturfotografie:** 048-3, 094-2; **Esther Herr:** 041, 081-1; **Till Hofmann/Die Staudengärtnerei:** 168, 169-1, 169-2, 169-3; **ibulb/Wouter Koppen:** 153-2; **iStock:** 028, 089-1, 104-3, 105-1, 113-2, 125-1, 129-2, 136-2; **iverde:** 091-1; **iverde/Maayke de Ridder:** 071-2, 073-2, 173-2, 181-1; **Folko Kullmann:** 178-3; **mauritius images/Flowerphotos/Carol Sharp:** 035; **/Garden World Images/Gilles Delacroix:** 020, 117-2; **/Garden World Images/Botanic Images Inc.:** 117-1; **/Julia Thymia:** 034-2; **Marion Nickig:** 190; **Dr. H. U. Piontkowski:** 057-2, 061-1, 078-2, 135-1; **Shutterstock:** 014, 015-3, 026-1, 029-1, 029-2, 031-3, 033, 045-2, 045-3, 060-1, 060-2, 067-1, 067-3, 068-069, 071-4, 072-1, 072-2, 073-1, 077-1, 078-1, 085-1, 089-2, 104-1, 104-2, 113-1, 119-2, 119-3, 125-2, 127-1, 127-2, 129-1, 130-1, 132-1, 133-1, 137-2, 143-1, 151-2, 153-1, 157-1, 158-2, 159-2, 165-2, 165-3, 176-2; **Martin Staffler:** 032-1, 032-2; **Friedrich Strauss/Garden World Images:** 042-2; **Ute Thoms:** U1, U4, 062, 063-1, 063-2, 063-3, 065-1, 065-2, 065-3, 170-1, 170-2, 170-3; **Annette Timmermann:** 002-003, 004, 006-007, 010, 017-2, 024-025, 036-1, 043-1, 044, 050-051, 055-1, 057-1, 059, 075-1, 096-1, 096-2, 099-1, 099-3, 106-1, 138, 154, 160-161

Wichtiger Hinweis
Das vorliegende Buch wurde sorgfältig erarbeitet. Dennoch erfolgen alle Angaben ohne Gewähr. Weder Autor noch Verlag können für eventuelle Nachteile oder Schäden, die aus den im Buch vorgestellten Informationen resultieren, eine Haftung übernehmen.

Liebe Leserin und lieber Leser,
wir freuen uns, dass Sie sich für ein BLV-Buch entschieden haben. Mit Ihrem Kauf setzen Sie auf die Qualität, Kompetenz und Aktualität unserer Bücher. Dafür sagen wir Danke! Ihre Meinung ist uns wichtig, daher senden Sie uns bitte Ihre Anregungen, Kritik oder Lob zu unseren Büchern. Haben Sie Fragen oder benötigen Sie weiteren Rat zum Thema?
Wir freuen uns auf Ihre Nachricht!

GRÄFE UND UNZER Verlag
Grillparzerstraße 12
81675 München
www.graefe-und-unzer.de

GRÄFE UND UNZER

Ein Unternehmen der
GANSKE VERLAGSGRUPPE